lonely planet

# MI PRIMERA GUÍA DE PARÍS

¡QUE EMPIECE LA AVENTURA!

por Paige Towler

**geoPlaneta**
Av. Diagonal 662, 08034 Barcelona
www.geoplaneta.com  www.lonelyplanet.es

**Lonely Planet Global Limited**
Lonely Planet Global Limited, Digital Depot,
The Digital Hub, Dublín D08 TCV4, Irlanda
www.lonelyplanet.com
Contacta con Lonely Planet en lonelyplanet.com/contact

**Mi primera guía de París**
1º edición en español – mayo del 2025
Traducción de *The Lonely Planet Kids Travel Guide of Paris,* 1º edición – mayo del 2025


La colección Lonely Planet Kids Travel Guides se ha producido en colaboración con el WonderLab Group, LLC.
Gracias a nuestra especialista en la ciudad, Nicola Williams, y a la editora Rose Davidson.

Editorial Planeta, S.A.
Av. Diagonal 662-664, 7º, 08034 Barcelona (España)
Con la autorización para la edición en español de Lonely Planet Global Ltd, A.B.N. 36 005 607 983, Lonely Planet Global Limited, Digital Depot, The Digital Hub, Dublín D08 TCV4, Irlanda



ISBN: 978-84-08-29605-8
Depósito legal: B. 15.829-2024
Impreso en Malasia – *Printed in Malaysia*

lonely planet

# MI PRIMERA GUÍA DE PARÍS

¡QUE EMPIECE LA AVENTURA!

por Paige Towler

# SUMARIO

*FOTO: Place Louise Michel, Montmartre.*

# CÓMO USAR ESTE LIBRO

¿Buscas los postres más deliciosos o te chifla la naturaleza urbana? Quizá quieras visitar algunos lugares para jugar o descubrir la historia y los misterios de la ciudad. O, tal vez, todo ello. Cada capítulo está dedicado a un tema. Puedes leer la guía de principio a fin o ir leyendo los capítulos que te interesen. No olvides examinar cada página en busca de lugares, personas, datos curiosos y mucho más. Aquí tienes algunos de los aspectos más destacados de esta guía.

¿Te gusta recopilar datos y estadísticas?

**Fíjate en estos apartados.**

Aquí tienes la traducción de unas cuantas palabras y expresiones que encontrarás en esta guía.

Bonjour - Hola
Au revoir - Adiós
Merci! - ¡Gracias!
Allons-y! - ¡Vamos!
Ça, c'est cool! - ¡Qué divertido!

¿Qué hace que esta ciudad sea tan inspiradora?

**Pasea por los Campos Elíseos en pp. 70-81 o explora los muchos monumentos de la ciudad en pp. 82-93.**

¿Tienes curiosidad por conocer los lugares más raros, extravagantes y desconocidos?

**Lee "Secretos de la ciudad" en pp. 118-129.**

¿Necesitas hacer algo mientras esperas el tren, autobús, avión o taxi?

**Diviértete con "Encuentra las diferencias" en pp. 130-133.**

# ¡BIENVENIDOS A PARÍS!

¡*Bienvenue* a la Ciudad de la Luz! Con la Torre Eiffel y sus increíbles vistas, la posibilidad de contemplar de cerca la *Mona Lisa* en el Louvre y visitar la catedral de Notre Dame y sus gárgolas en lo alto de las torres.

¿Ganas de aventura? Pues aquí puedes recorrer el Sena en barco o, si te atreves, explorar espeluznantes catacumbas subterráneas.

Estos son solo algunos de los icónicos puntos de interés de París, pero la ciudad está llena de lugares ocultos e inesperados, con la posibilidad de adentrarse por su alcantarillado o visitar un museo dedicado a antiguas atracciones de feria ¡en las que se puede montar! En esta guía encontrarás todo esto y mucho más. *Bon voyage!*

*FOTOS: vista de la Torre Eiffel desde el Pont Alexandre III (dcha.); Pont Alexandre III (pág. siguiente).*

**LA CIUDAD DE LA LUZ**

Quizá hayas oído que París es la Ciudad de la Luz, pero, ¿por qué? Pues porque fue a principios de la década de 1660 cuando se instalaron faroles de aceite para iluminar sus calles. En la actualidad, la ciudad brilla aún más de noche, también por sus letreros, e incluso la Torre Eiffel luce iluminada, en ocasiones ¡de diferentes colores para eventos especiales!

A las horas en punto, desde el anochecer hasta la 1.00, las luces de la Torre Eiffel parpadean durante 5 min.

# PARA ORIENTARTE

Además de sus 20 *arrondissements* (distritos), París está dividida en dos partes por el río Sena: la Rive Gauche (orilla izquierda) y la Rive Droite (orilla derecha).

SENA

CITÉ DES SCIENCES ET DE L'INDUSTRIE
ARCO DE TRIUNFO
PLACE DE LA CONCORDE
LOUVRE
TORRE EIFFEL
MUSÉE D'ORSAY
NOTRE-DAME
SENA
CATACUMBAS

# CONOCE EL METRO

Con 16 líneas y más de 300 estaciones, el ajetreado metro de París es uno de los más antiguos del mundo, y tiene estaciones bien singulares; p. ej., la de Arts et Métiers (abajo) está diseñada para parecer ¡un submarino!

### Datos básicos

Distancia media entre estaciones: **457 m**

Número de distritos en París: **20**

Estación a mayor profundidad: **Abbesses, a 36 m**

*FOTOS: estación de metro de Arts et Métiers (izda.); ciclistas consultando un plano (arriba).*

# CÓMO MOVERTE POR LA CIUDAD

*FOTO: entrada de la estación de metro de Parmentier.*

# POR EL AGUA

## CRUCERO POR EL SENA

Se podría decir que el **río Sena,** usado durante siglos por la gente para desplazarse, es el corazón de París, ciudad fundada hace más de 2000 años. Durante el s. IX, los vikingos surcaron con sus ligeros barcos a remo el río y atacaron París ¡hasta en tres ocasiones! Actualmente, el Sena ofrece una de las mejores formas de ver la ciudad. Puedes montarte en un autobús fluvial o hacer un crucero mientras comes algo.

En 1910, la crecida del Sena fue tal que los parisinos tuvieron que desplazarse por toda la ciudad ¡en barca!

**Datos básicos**

Horario: **10.00-19.00**

Número de asientos: **180**

Bonos disponibles: **1 o 2 días**

## MONTA EN EL BATOBUS

¡Todos a bordo! El Batobus es un barco que surca el Sena y permite subirte y bajarte en nueve paradas repartidas por toda la ciudad. Mucho más informal que un crucero, permite que te hagas tus propios itinerarios y salir del río para explorar la ciudad tanto rato como quieras y, luego, volver a bordo. Sus paradas incluyen algunos de los puntos de interés más famosos de la ciudad, como la catedral de Notre Dame (pp. 50-51), el Louvre (pp. 52-53) y muchos otros.

***FOTOS:** el Pont Neuf sobre el Sena (arriba); pasajeros embarcando en el Batobus (izda.).*

# POR TIERRA

## PARA UN TAXI

Muévete por las calles en taxi tras parar uno en la calle o tomarlo en una parada. Al igual que en España, puedes saber si un taxi está disponible si lleva la luz verde encendida. La luz roja significa que está ocupado. Una particularidad de los taxis de París es que suelen ser totalmente negros.

Los primeros "autobuses" de París eran carruajes de caballos, que funcionaron desde principios del s. XVII.

## ¡BIP, BIP!

Haz como muchos parisinos y móntate en uno de los numerosos autobuses de la ciudad. Asegúrate de tener a mano el billete, que puedes comprar en una estación de metro, un quiosco o el propio autobús. En plan turístico, toma uno de los autobuses rojos pensados para los visitantes que hacen un recorrido circular, pasan por algunos de los lugares más famosos de la ciudad y ofrecen datos curiosos de la misma.

## ARRANCA TU CARRITO

Si quieres visitar la ciudad sobre ruedas, pero de forma más original, haz un circuito en un carrito de golf. Estos pequeños bólidos abiertos permiten moverte y visitar los puntos de interés con estilo. Y como son eléctricos, ¡además de divertidos son respetuosos con el medio ambiente!

***FOTOS:** carrito de golf en el jardín de las Tullerías (izda.); el Arco de Triunfo en los Campos Elíseos (abajo); parada de autobús (pág. anterior abajo); taxi (pag. anterior arriba).*

## POR LA NOCHE

Muchas líneas de autobús dejan de operar por la noche. Pero, no te preocupes: ¡aquí funciona el Noctilien! Los autobuses nocturnos de París circulan desde alrededor de las 24.00 hasta primera hora de la mañana y conectan con las principales estaciones de trenes.

# TOMA EL METRO

Los convoyes del metro de París recorren unos 966 000 km a diario, lo que equivale a dar la vuelta al mundo ¡24 veces!

*FOTOS: entrada de metro de principios del s. XX (abajo); músicos en el metro (pág. siguiente arriba).*

Si buscas la forma más rápida y sencilla de desplazarte por la ciudad, se encuentra bajo tierra, en el metro.

Las estaciones del metro de París son famosas por sus elegantes marquesinas que datan de los orígenes de su construcción. Actualmente, el sistema parece de alta tecnología, casi futurista, pero no es nuevo: las primeras líneas bajo el suelo de París se inauguraron en 1900.

Los obreros tuvieron que excavar a gran profundidad, retirar montañas de tierra, colocar enormes armazones metálicos y, luego, poner las vías en los túneles. Fue una maravilla de la ingeniería. Tras la inauguración de las primeras estaciones, los parisinos estaban ansiosos por montar en el metro. Actualmente, el metro de París registra 1500 millones de viajes anuales.

Tiene más de 300 estaciones, además de 12 estaciones fantasma. La estación de la Gare de Lyon incluye un jardín tropical subterráneo, y la de Châtelet-Les Halles es la estación de metro ¡más grande del mundo!

**MÚSICOS DEL METRO**

Según algunos, el escenario más grande de París es ¡el metro! Dos veces al año, multitud de músicos pasan una prueba para convertirse en músicos del metro y actuar en sus estaciones. Cada año, el metro de París acoge a 300 músicos seleccionados para reflejar los diversos estilos musicales de la ciudad y sus ciudadanos.

# A PIE

## PASEA POR LAS CALLES

Una de las mejores formas de moverse por París es ¡a pie! Con amplios bulevares y serpenteantes callejones, caminar te permite verlo todo de cerca, desde las sofisticadas farolas y las geniales tallas de los edificios hasta los escondidos cafés donde tomar un tentempié rápido. Asegúrate de llevar calzado cómodo: muchas calles están adoquinadas y otras tienen fuertes pendientes. La ciudad siempre ha sido muy adecuada para los viandantes. De hecho, para la Exposición Universal de 1900 (p. 78) se construyó una acera móvil de 3,6 km para ayudar a la gente a desplazarse. Apodada la “serpiente de madera”, discurría ¡9 m por encima del suelo!

*Datos básicos*

Cantidad de carriles-bici: **más de 1000 km, lo que equivale a la longitud de Francia de norte a sur.**

Número de aparcabicis: **60 000**

Las bicicletas de Vélib' se reciclan en nuevos objetos cuando acaban su vida útil: ¡las cámaras de aire se convierten en bolsos y los neumáticos, en cinturones!

El primer domingo de mes están prohibidos los vehículos en ciertas partes; es el día sin coches.

## A PEDALES

Un ciclista pedaleando por París con una *baguette* en la cesta de la bici es ya una imagen típica. La bicicleta es muy popular en la Ciudad de la Luz. De hecho, ¡hay más ciclistas que conductores en París! Bien provista de carriles-bici por todas partes, los usuarios tienen muy fácil desplazarse a fuerza de pedal por la urbe. Muchos de ellos usan sistemas de bicis compartidas, como Vélib', que permite tomar una de sus 19 000 máquinas, incluidas eléctricas, y devolverla en cualquiera de sus más de 1400 estaciones de aparcamiento.

***FOTOS:** iglesia de Saint Gervais, Le Marais (arriba); río Sena (izda.).*

# SOBRE RAÍLES

¿Qué diferencia hay entre un tranvía y un tren? Un tranvía es un tipo de tren que circula por vías a ras del suelo y propulsado por electricidad, a menudo mediante cables situados por encima del mismo.

*Datos básicos*

Número de rutas de tranvía: **13**

Número de paradas: **más de 250**

Puesta en marcha del primer tranvía en París: **1853**

## VUELVE EL TRANVÍA

En París hay muchas formas de desplazarse: trenes, tranvías, circuitos fluviales, etc. Los primeros tranvías iban tirados por caballos. En el s. XIX había una gran red de tranvías eléctricos que funcionó hasta finales de la década de 1950; su última línea llegaba hasta el palacio de Versalles e hizo su último viaje en 1957. A finales del s. XX, los tranvías volvieron a la ciudad como medio de transporte limpio y ecológico.

## PARADA EXPRÉS

La **RER** (Red de Expresos Regionales) de París es la red de trenes exprés de la ciudad. Es decir, ¡son trenes rápidos! Dentro de la ciudad alcanzan hasta los 100 km/h. Hacen pocas paradas, por lo que un viaje de 30 min con el metro puede hacerse con la RER ¡en solo 10 min! Son el medio perfecto de ir a lugares como Disneyland Paris (pp. 38-39) y Versalles (pp. 84-85).

Francia está desarrollando "trenes dron" de alta velocidad que irán sin conductor.

## ¡TODOS A BORDO!

El Transilien es un tren regional que va desde el centro de París hasta los confines más alejados de la urbe. Se inauguró en 1837. Actualmente, transporta a decenas de miles de pasajeros ¡cada semana! En cuanto al número de pasajeros, es la red de trenes más concurrida del mundo tras el sistema ferroviario de Tokio.

***FOTOS:* *tranvía de París (pág. anterior); estación de Invalides de RER (arriba); estación de trenes de Gare Saint-Lazare (izda.).***

# UN VIAJE INSÓLITO

El funicular es un medio de transporte a la vez divertido y algo peculiar. Se trata de un tren de tracción por cable que se usa para subir y bajar por fuertes pendientes, como el **funicular de Montmartre.**

Montmartre es un barrio situado en una colina. Ofrece excelentes vistas, pero puede ser agotador subir a pie hasta su parte alta (pp. 100-101). En lugar de eso, puedes tomar el funicular, que lleva en funcionamiento más de 100 años.

Originalmente, el funicular funcionaba con agua. Los vagones estaban agrupados por pares unidos por un largo cable. Cada vagón llevaba un depósito de agua que se llenaba o se vaciaba, según los pasajeros que hubiera. Los depósitos de los vagones que bajaban se llenaban de agua para ayudarlos a descender, a la vez que ayudaban a "tirar" del vagón que subía por la colina. En 1935, el funicular pasó a ser eléctrico. Los vagones aún se ayudan mutuamente a moverse, pero están propulsados por un motor, y suben la colina ¡en menos de 2 min!

Una ciudad del sur de Francia antaño tuvo un teleférico que circulaba bajo el mar.

***FOTO: funicular de Montmartre.***

## DIVERSIÓN EN EL FUNICULAR

El funicular más alto del mundo, en una ladera en Suiza, lleva a los pasajeros hasta los 1300 m, ¡más de cuatro veces la altura de la Torre Eiffel!

# LUGARES DIVERTIDOS

*FOTO: montaña rusa en el Parc Astérix.*

# MUSEOS INTERACTIVOS

## ILUMINA LA CIUDAD

Una antigua fábrica puede que no suene como el mejor sitio para divertirse, pero ¡espera a que se enciendan las luces! Construido en 1835, este histórico edificio ahora alberga el **Atelier des Lumières:** un museo interactivo de la luz. Recorre sus salas mientras enormes proyecciones te transportan a otro lugar. Entre sus escenas se incluyen viajes al pasado, exploraciones submarinas, viajes por el interior de tus cuadros favoritos y mucho más.

## CERA DE VERAS

Si quieres conocer a tu actor, cantante o personaje de dibujos animados favorito, hay que visitar el **Musée Grévin,** con figuras de cera a tamaño natural de algunos de los personajes más famosos de todos los tiempos. Posarás con superestrellas del deporte o retrocederás en el tiempo para conocer a reyes y reinas. Incluso podrás ir entre bastidores para saber cómo el museo crea estas figuras hiperrealistas desde hace más de 135 años.

En una figura se pueden usar más de 34 kg de cera ¡y miles de cabellos naturales!

## COLECCIÓN DE TIOVIVOS

Si te gustan las ferias, no querrás perderte el **Musée des Arts Forains** (Museo de las Ferias), fundado por Jean Paul Favand, quien dedicó toda su vida a coleccionar históricas atracciones de feria. Actualmente, gracias a innovadoras tecnologías, no solo se puede conocer la historia de los parques de atracciones, sino también ¡montar en algunas!

*FOTOS: arte digital en el Atelier des Lumières (pág. anterior arriba); tiovivo antiguo en el Musée des Arts Forains (izda.); cine Omnimax en la Cité des Sciences et de l'Industrie (abajo); figura de cera del rey Luis XIV en el Musée Grévin (pág. anterior abajo).*

Los historiadores creen que el tiovivo podría estar inspirado en un juego del s. XII en el que jinetes a caballo se lanzaban una pelota entre ellos.

## ¿CIENCIA FICCIÓN?

Estimula tu cerebro y ponte en modo creativo en la **Cité des Sciences et de l'Industrie,** un museo de ciencia que te permite experimentar con los sonidos, estudiar robots o montar en un histórico submarino. Y luego está la Cité des Enfants. Diseñada para niños, esta parte del museo incluye juegos, experimentos científicos interactivos, estaciones de aprendizaje y carreras de obstáculos.

# PARQUES INFANTILES

## CAMPO DE 'FOLIES'

¡El **Parc de la Villette** es enorme! Es un sitio muy popular para celebrar festivales, cine al aire libre, deportes y mucho más. Además, alberga 26 pequeños edificios rojos, o *folies,* cada uno con una atracción diferente. En este lugar puedes corretear por un parque infantil, ver un concierto o descubrir algo nuevo ¡en el museo de ciencia más grande de Europa!

Hace mucho, la zona donde ahora está el Parc de la Villette albergaba un gran mercado de carne.

## DOMA UN DRAGÓN

El **Jardin du Dragon** está dentro del Parc de la Villette, pero este parque infantil es una maravilla por sí mismo. Tal como sugiere su nombre, tiene la forma de un dragón de 25 m, más o menos la longitud de ¡una ballena azul! Trepa por el dragón usando cuerdas, redes y escaleras, y luego tírate por un largo tobogán metálico en forma de tubo: ¡la lengua del dragón!

***FOTOS:** tobogán del Jardin du Dragon (izda.); folie en el Parc de la Villette (arriba); Palais du Luxembourg y sus jardines (pág. siguiente arriba); carrusel oscilante del Jardin d'Acclimatation (pág. siguiente abajo).*

En el Jardin du Luxembourg también hay una versión en miniatura de la Estatua de la Libertad de Nueva York, que fue un regalo de Francia a EE UU.

## MUY SOFISTICADO

Frente al famoso Palais du Luxembourg (p. 87), el **Jardin du Luxembourg** es enorme, con verdes zonas de césped y coloridas flores por doquier. Aquí, podrás disfrutar de espectáculos de marionetas, paseos en poni y un parque infantil, o participar en carreras de barcos de juguete en el estanque. También hay un parque canino para que tu perro corretee a su antojo.

## EMOCIONES FUERTES

Mitad jardín, mitad parque de atracciones, el **Jardin d'Acclimatation** es un imán para los amantes de la adrenalina: aquí puedes montar en el carrusel oscilante, gritar a pleno pulmón en la torre de caída libre o elegir entre varias montañas rusas. Para algo más tranquilo, hay un zoo infantil o fabulosas fuentes. El parque también acoge conciertos y espectáculos de danza, circo y festivales de farolillos.

# PARQUES DE ATRACCIONES

## REVIVE EL PASADO

Al norte de la ciudad, descubre una tierra de aventuras que te permitirá viajar al pasado y visitar a los antiguos galos, romanos, griegos, egipcios y vikingos, entre otros. Y lo mejor de todo: ¡podrás dar giros completos en montañas rusas y deslizarte por atracciones acuáticas mientras lo visitas! El **Parc Astérix** es un parque con una cincuentena de atracciones que hacen las delicias de los amantes de las emociones fuertes. Destacan la Toutatis, la montaña rusa más alta y rápida de Francia, y la Goudurix, una montaña rusa ¡con siete giros invertidos!

### Datos básicos

Número de atracciones de Disneyland Paris: **54**

Visitantes anuales: **9,9 millones**

Tamaño: **57 Ha**

## CONOCE A LAS ESTRELLAS

¡París alberga uno de los lugares más alegres del planeta! Al este de la ciudad aguarda **Disneyland Paris,** donde encontrarás atracciones, restaurantes, juegos, espectáculos y mucho más, todo ello inspirado por los populares personajes de Disney, Star Wars, Marvel y Pixar. Además, podrás conocer y saludar a las estrellas de tus películas favoritas. Luego, en el contiguo Walt Disney Studios Park, podrás disfrutar de más atracciones emocionantes y saber cómo se hicieron algunas de aquellas películas.

***FOTOS:** Goudurix, la montaña rusa del Parc Astérix (arriba); Disneyland Hotel (izda.).*

# ¡ARRIBA EL TELÓN!

## A LO GRANDE

Para asistir a un espectáculo, no hay mejor lugar que el **Palais Garnier.** De hecho, el propio edificio es ¡todo un espectáculo! Construido en 1861, esta ópera incluye enormes columnas talladas, imponentes cúpulas, estatuas doradas y una magnífica escalinata. El edificio tardó 14 años en completarse. Las paredes doradas y las butacas de terciopelo rojo están bajo un techo pintado y una enorme lámpara de araña ¡que pesa siete toneladas y tiene 340 bombillas! Aquí podrás ver ópera, *ballet,* conciertos y otras galas en todo su esplendor.

**SUCESOS FANTASMAGÓRICOS**

Durante una función en 1896, la enorme lámpara de araña del Palais Garnier se desprendió misteriosamente del techo. Inspirándose en este incidente, Gaston Leroux escribió su famosa novela de terror *El fantasma de la ópera,* sobre una ópera acechada por un hombre amenazante conocido como el Fantasma. Leroux también buscó inspiración en los muchos pasajes y túneles de este enorme edificio. ¡Pero nunca existió un fantasma real!

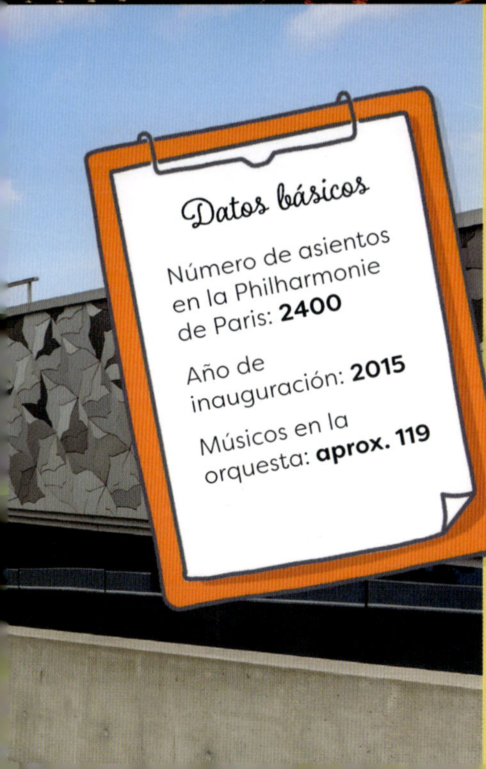

*Datos básicos*

Número de asientos en la Philharmonie de Paris: **2400**

Año de inauguración: **2015**

Músicos en la orquesta: **aprox. 119**

## MÚSICA PARA TUS OÍDOS

Tanto si vas a París en verano como en invierno, la **Philharmonie de Paris** es una visita imprescindible. Este auditorio es famoso por su resplandeciente fachada plateada, cubierta de 340 000 pájaros de aluminio que parece que van a emprender el vuelo. Cada año acoge unos 500 conciertos, por lo que seguro que podrás ver algún gran espectáculo. Desde *rock* hasta *jazz,* música clásica y *hip hop,* la sala ofrece conciertos de todo tipo.

***FOTOS:** interior del Palais Garnier (arriba); la famosa fachada de la Philharmonie de Paris (izda.).*

# DEPORTES

Los aficionados a los deportes pueden empezar viendo un partido en el estadio más grande de Francia, el **Stade de France,** construido para la Mundial de Fútbol de 1998. El estadio es tan grande que solamente su techo ya pesa ¡1,5 veces el total de la Torre Eiffel! Con capacidad para 80 000 espectadores, también acoge partidos de *rugby* y competiciones de atletismo, además de grandes conciertos musicales, como los de Beyoncé y Taylor Swift.

En el 2024, el estadio fue una de las muchas sedes de París y su área metropolitana donde se celebraron los Juegos Olímpicos y Paralímpicos. Al estadio se le añadió una pista de atletismo y muchos espacios icónicos de toda la ciudad se adaptaron para albergar el resto de competiciones olímpicas. Para acomodar a los visitantes, las autoridades instalaron 55 km de nuevas rutas ciclistas y empezaron a construir cuatro nuevas líneas de metro y 68 nuevas estaciones.

El break dance, un tipo de baile acrobático que nació en Nueva York, se convirtió en deporte olímpico por primera vez en los Juegos Olímpicos de París 2024.

***FOTOS:* interior del Stade de France (dcha.); parkour (pág. siguiente).**

## DEPORTES CALLEJEROS

Los estadios de París acogen algunos de los mejores torneos deportivos, pero muchos otros también se practican por las calles de la ciudad, como el *skateboard*, el *break dance* y el *parkour*. De hecho, el *parkour*, en el que el entorno urbano y las estructuras artificiales se usan como pistas de obstáculos, se inventó en Francia en la década de 1980.

# ¡VAYA VISTAS!

FOTO: París al atardecer.

# TORRE EIFFEL

La **Torre Eiffel** se construyó para la Exposición Universal, una feria mundial celebrada en 1889, y fue todo un hito de la ingeniería. Además de usar andamios y grúas, se construyeron cimientos de hormigón bajo el suelo. Esto incluía partes del Sena, donde se hundieron grandes contenedores estanco que permitieron que los obreros pudieran trabajar por debajo del nivel del agua.

Además de por su aspecto, la torre causó sensación por otro motivo: era la primera estructura del mundo en alcanzar los 305 m. Actualmente, esta torre de hierro sigue siendo tan famosa como siempre, como demuestran los más de siete millones de visitantes que recibe cada año.

La parte superior de la torre es uno de los mejores miradores de París. Pero, ¿y para ver la propia torre? La mayoría de la gente está de acuerdo en que los **Jardins du Trocadéro,** al otro lado del río, ofrecen las mejores vistas, dignas de postal. Desde allí, la visión de la Torre Eiffel hará que te sientas como si hubieras salido de un cuadro.

***FOTOS:** Torre Eiffel junto al Sena (dcha.); debajo de la Torre Eiffel (pág. siguiente).*

A lo largo de los años, la Torre Eiffel se ha pintado en varios tonos de rojo, amarillo y marrón.

### VISITA LA TORRE

El diseñador de la torre, Gustave Eiffel, instaló una oficina en lo alto de la torre para hacer experimentos científicos. Ese espacio aún se puede visitar hoy. En la torre también hay tiendas y restaurantes, incluido Le Jules Verne, como el famoso escritor francés, con platos tan ricos como las vistas que ofrece.

# A VISTA DE PÁJARO

## MÁS Y MÁS ALTO

¡Volar no es solo cosa de pájaros! Disfruta de unas vistas únicas de París, además de un subidón de adrenalina, sobrevolando la ciudad en globo aerostático. El **Ballon de Paris Generali,** el globo aerostático más grande del mundo, asciende hasta los 150 m y sobrevuela algunos de los puntos de interés más famosos de la ciudad.

Cuando alza el vuelo, el Ballon de Paris Generali también recopila datos sobre la calidad del aire de la ciudad y muestra sus hallazgos dentro del globo.

**UN VUELO SALVAJE**

En 1783, dos hermanos franceses llevaron a cabo el primer vuelo en globo aerostático de la historia al sur de París, en Annonay. Había pasajeros, pero no humanos, sino ¡un gallo, un pato y una oveja! El viaje fue un éxito y todos los animales (y el globo) regresaron sanos y a salvo.

Un temerario francés llamado Alain Robert escaló la fachada de la torre de Montparnasse en el 2015.

## MIRA HACIA ABAJO

Cuando la **torre de Montparnasse** se completó en 1973, causó un gran revuelo. Mucha gente creía que no encajaba con el resto de la arquitectura de París o que su diseño era poco atractivo. Actualmente, el único rascacielos (210 m de altura) que hay en el centro de París sigue levantando ampollas. Pero, algo en lo que los parisinos y los visitantes están de acuerdo es que las vistas desde ella son fantásticas: con una plataforma de observación de 360°, ofrece impresionantes panorámicas de la ciudad.

***FOTOS:** Ballon de Paris Generali (arriba); vistas desde la plataforma de observación de la torre de Montparnasse (izda.).*

# CATEDRAL DE NOTRE DAME

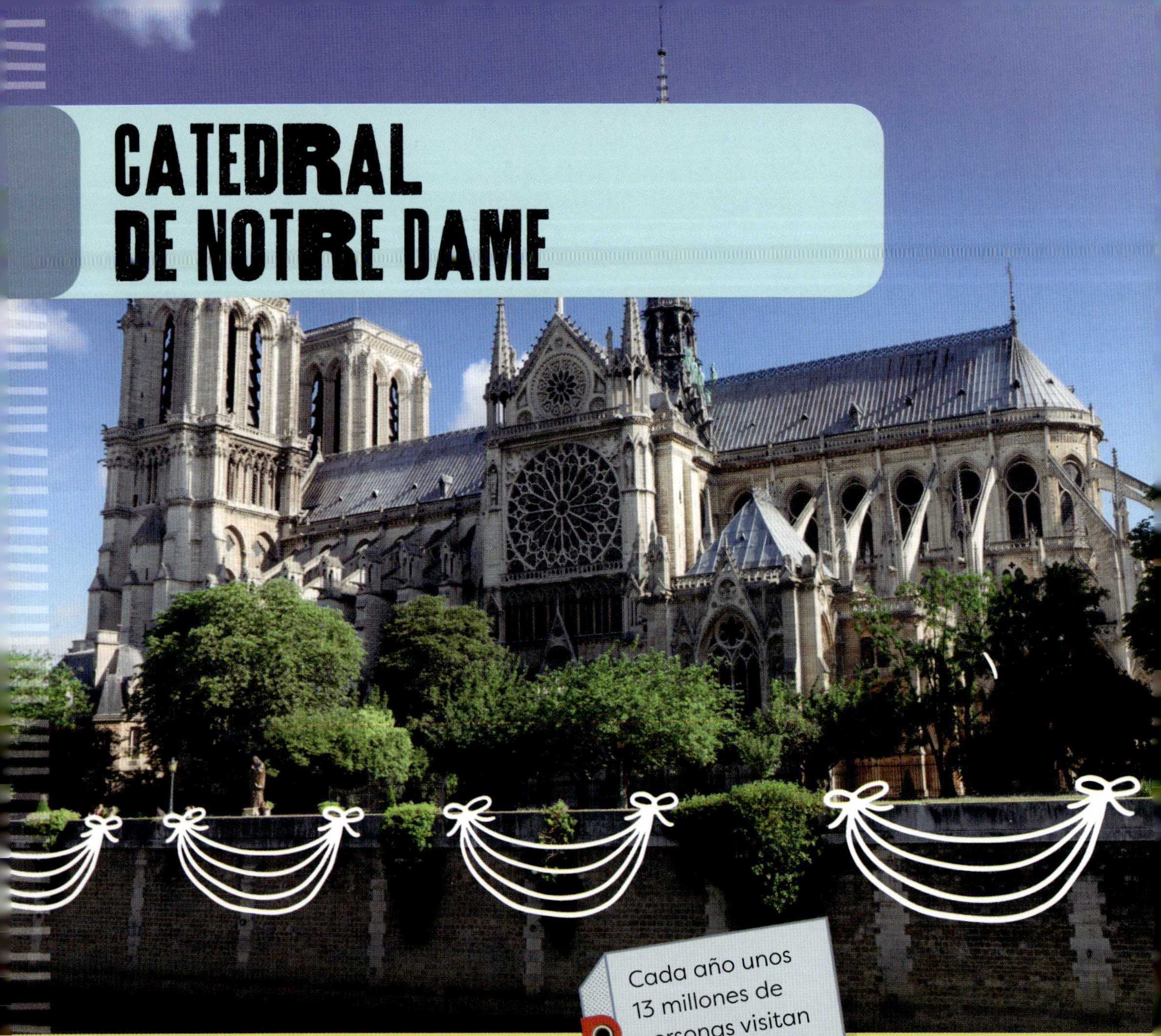

Cada año unos 13 millones de personas visitan Notre Dame.

## PONTE GÓTICO

La **Cathédrale Notre-Dame de Paris** parece como sacada de un cuento de hadas medieval ¡porque realmente es de esa época! La construcción del templo se inició en el s. XII en la Île de la Cité de París, una isla en el Sena (pp. 112-113). El edificio tardó 300 años en terminarse, pero la espera valió la pena: con sus vitrales, exquisita cantería e imponentes torres, Notre Dame es digna de contemplar. En el 2019, un enorme incendio casi acaba con ella para siempre. Afortunadamente no fue así y rápidamente empezó su restauración, y todavía hoy es una de las catedrales más famosas del mundo.

***FOTOS:** vista lateral de Notre Dame antes del incendio (arriba); gárgola de la catedral por encima de la ciudad (pág. siguiente arriba); entrada a la Crypte Archéologique en la plaza de Notre Dame (pág. siguiente abajo).*

## ¡VAYA QUIMERA!

Cuando visites Notre Dame, no te pierdas su increíble interior. Detente en el enorme órgano y los impresionantes rosetones, y luego sube a las torres para disfrutar de unas vistas fantásticas de la ciudad. Allí estarás en buena compañía, con decenas de gárgolas y quimeras. Ambas son tallas de piedra cinceladas para parecer dragones, animales feroces y monstruos. Las gárgolas son vías de desagüe para sacar del edificio el agua de lluvia, mientras que las quimeras son simplemente figuras decorativas.

Algunas de las quimeras de Notre Dame tienen apodos, p. ej., "el vampiro".

## AÚN MÁS ANTIGUO

Puede que Notre Dame sea el edificio más famoso de la Île de la Cité, pero no fue el primero que hubo allí. Hace unos 2000 años, en ese emplazamiento había un antiguo templo romano. Echa un vistazo al remoto pasado en la **Crypte Archéologique** (Cripta Arqueológica), un museo ubicado debajo de Notre Dame, donde podrá ver antiguas ruinas galorromanas y medievales.

# EL GRAN LOUVRE

El **Musée du Louvre** es el museo o galería de arte más visitado del mundo. Pero, en el s. XII, era el emplazamiento de una fortaleza real. En el s. XVI, aquel edificio fue destruido para dejar paso a la estructura que hoy puedes ver. El complejo fue utilizado como residencia de los reyes de Francia hasta el s. XVII, y finalmente se convirtió en museo en 1793. Hoy, los fondos del Louvre superan las 500 000 obras.

A finales del s. XX, el museo se amplió para tener más espacio expositivo. Como parte de la renovación, el arquitecto I. M. Pei diseñó un enorme atrio de vidrio como nueva entrada al museo.

Existen muchas probabilidades de que hayas oído hablar de la *Mona Lisa*. Después de todo, es una de las pinturas más famosas del mundo. Esta es tu oportunidad para verla de cerca. Pintada a principios del s. XVI por Leonardo da Vinci, la *Mona Lisa* aún es famosa por su enigmática sonrisa e hipnótica mirada.

***FOTOS:* *pirámide del Louvre, entrada principal del Museo del Louvre (dcha.); la* Mona Lisa *(pág. siguiente).***

Se dice que la *Mona Lisa* sigue con su mirada al visitante mientras este se mueve por la galería, pero esto no es más que una ilusión óptica.

**¡AL LADRÓN!**

En 1911, tres cacos, incluido un empleado de mantenimiento del Louvre, se escondieron por la noche en un armario de suministros. A la mañana siguiente, descolgaron la *Mona Lisa* y salieron andando. La pintura estuvo desaparecida durante casi dos años, causando un gran revuelo internacional. Afortunadamente, fue redescubierta en Italia y devuelta al museo en perfectas condiciones, lo que la convirtió en ¡aún más famosa!

# EN EL MUSÉE D'ORSAY

## VISTAS SECRETAS

Inaugurado en la década de 1980, el **Musée d'Orsay** alberga el mejor arte francés moderno del mundo, pero también más de un secreto. Si subes a sus plantas superiores descubrirás unas vistas increíbles de la ciudad. Primero disfruta de París a través de la enorme esfera del reloj y luego, desde la azotea, con mejores panorámicas aún, y sin aglomeraciones.

## IMPRESIONANTES PINTURAS

El Musée d'Orsay expone sobre todo arte impresionista francés del s. XIX. El impresionismo fue una corriente pictórica que fue compartida al mismo tiempo por un grupo de artistas. Los pintores impresionistas pintaban un reflejo, o impresión, de la vida real, lo que permite captar la apariencia de la luz, un objeto, una persona o un paisaje a través de sus ojos.

*FOTOS: visitantes del Musée d'Orsay contemplando el* Baile en el Moulin de la Galette *de Renoir (izda.); interior de la esfera del reloj del museo (arriba); vestíbulo principal del Musée d'Orsay (pág. siguiente arriba); el Musée d'Orsay con el río Sena (pág. siguiente abajo).*

El edificio del Musée d'Orsay contiene suficiente cristal para llenar cinco campos de fútbol.

## ESCULTURAS SUBLIMES

La parte central del Musée d'Orsay era una estación de trenes construida en 1900. Actualmente, alberga una excelente colección de esculturas, principalmente de artistas franceses. Ya sean de piedra o metal, las tallas se antojan tan reales ¡que parece que vayan a cobrar vida!

## FANTÁSTICAS FOTOS

Puede sorprender que, como museo que exhibe arte principalmente del s. XIX, Orsay incluya una colección de fotografía. Pero como se trata de un inventó de la década de 1830, el museo tiene algunas de las instantáneas más antiguas que existen, lo que permite echar un vistazo a cómo era el mundo hace casi dos siglos.

París tiene más de 130 museos.

# ¡A COMER!

*FOTO: cruasanes.*

# PAN Y QUESO

## AGARRA LA 'BAGUETTE'

La *baguette* es una barra de pan larga y estrecha. Crujiente por fuera y tierna por dentro, es ideal para cortarla tanto a cuchillo como con las manos, y fácil de transportar. Nadie está seguro de quién la inventó, pero alcanzó gran popularidad durante la II Guerra Mundial, cuando Francia estaba ocupada por los nazis y era un símbolo de la resistencia y la cultura francesas. ¡Cada año se celebra una competición para encontrar la mejor *baguette* de la ciudad!

## LA PASTA PERFECTA

Encantadoramente ligero y hojaldrado, el cruasán es una pasta mantecosa enrollada en forma de medialuna. Suele comerse solo o con jamón, pero muchas pastelerías también lo venden relleno de chocolate o de mazapán. Aunque el cruasán es un cúlmen de la bollería francesa, tiene sus orígenes en un bollo austriaco curvado conocido como *kipferl*.

***FOTOS:** un hojaldrado cruasán (izda.); baguettes recién horneadas (arriba); surtido de brie y otros quesos franceses (pág. siguiente arriba); queso roquefort con peras y nueces (pág. siguiente abajo).*

## PASA EL BRIE

Mmm... Cremoso, suave y delicioso, el brie suele considerarse uno de los quesos más lujosos del planeta. Sin embargo, sus orígenes son mucho más humildes: los historiadores creen que fue creado por monjes franceses en el s. VII. Se aconseja untarlo en una *baguette* caliente o, en plan más atrevido, ¡probarlo con fruta!

La firme capa exterior, o corteza, del brie en realidad es un moho inocuo como el del roquefort.

## ¡MÁS QUESO, POR FAVOR!

Prepárate para probar el roquefort, un tipo de queso azul (queso que contiene moho inocuo y comestible) elaborado en Roquefort, en el sur de Francia. Este queso lleva consumiéndose, al menos, desde el s. XIV, y se volvió tan popular que, en 1411, el rey Carlos VI le otorgó protección real oficial. El roquefort tiene un sabor fuerte y salado, ¡y un olor aún más penetrante!

# HORA DEL ALMUERZO

## MEJOR CON MANTEQUILLA

¿Qué consigues si combinas algunos de los productos franceses más icónicos en el bocadillo? ¡Un *jambon-beurre*! Ideal para comer sobre la marcha, este sencillo bocata toma su nombre de sus ingredientes estrella: *jambon* de París (un tipo de jamón) y mantequilla sin sal en pan de *baguette*. Si quieres llevarlo a otro nivel, ¡añádele un poco de cremoso queso camembert!

***FOTOS:*** **jambon-beurre *(arriba)*; croque monsieurs, croque madame, *patatas fritas y ensalada (pág. sigiente arriba); crep dulce con frambuesas y chocolate (pág. siguiente abajo).***

## A LA PLANCHA

Aviso para los amantes de los sándwiches calientes de queso: la cosa se pone interesante. A diferencia de otros sándwiches de este tipo, el *croque monsieur* lleva delicioso y fundente queso gruyer. Y, en este sándwich, ¡el queso va por fuera! El *croque monsieur* lleva jamón y cremosa bechamel entre dos gruesas rebanadas de pan. Luego, se añade el queso encima y todo se pasa por la plancha hasta que el queso está fundido y caliente.

## DULCES Y SALADAS

Según se dice, las crepes se inventaron en algún momento del s. XIII cuando un panadero del norte de Francia derramó accidentalmente gachas de avena sobre un fogón caliente formándose una fina y crujiente tortita. Actualmente, hay muchos tipos de crepes y de rellenos. ¿Es la hora del almuerzo? Prueba una crep salada (conocida como *galette*) rellena de queso, verduras, huevo y otros ingredientes. ¿Prefieres algo dulce? Pide una crep rellena de crema de chocolate, nata montada y fruta. ¡No te arrepentirás!

# A LA CARTA

## A LA RICA SOPA

En un país famoso por sus singulares creaciones y técnicas culinarias, un plato destacado es la tradicional y sabrosa sopa de cebolla. Se elabora con cebolla caramelizada: cebolla cocinada a fuego lento hasta que se vuelve dulce. Luego, se añade una gruesa rebanada de pan a la sopa y se le añade por encima magnífico queso fundente. En Francia, se toman deliciosas versiones de esta sopa desde hace casi 1000 años. Elaborada con ingredientes asequibles, era muy popular entre la clase obrera. Sin embargo, gracias a su delicioso sabor, también tuvo mucho éxito ¡entre reyes y nobles!

La *ratatouille*, un pisto de verduras típico del sur de Francia, es tan popular que hasta dio nombre a *Ratatouille*, la película de dibujos animados de Pixar.

### LAS FAMOSAS PATATAS FRITAS

De origen francés, las patatas fritas son famosas en todo el mundo, pero la forma en que se comen ¡varía de un lugar a otro! En Francia, los niños suelen untarlas en kétchup y mayonesa. En Vietnam se sirven con mantequilla y azúcar. Y, en Quebec (Canadá), tienen la *poutine:* un plato de patatas fritas con espesa salsa de carne y queso en grano por encima. *Bon appétit!*

## PLATOS PRINCIPALES

¿Qué deberías pedir cuando estés en un bistró (restaurante informal)? Uno de los platos más famosos de Francia es el *steak frites* (filete con patatas fritas). El filete suele servirse sin nada o *au poivre* (con una deliciosa salsa de pimienta verde). Para los que no comen carne, hay multitud de opciones con verduras, como una quiche vegetariana, un pastel salado a base de un cuajado de huevos, nata y verduras. También encontrarás una amplia variedad de tartas saladas rellenas de verduras de temporada y quesos locales.

***FOTOS:* ratatouille *(izda.); sopa de cebolla francesa (arriba); patatas fritas con mayonesa (arriba dcha.).***

# DULCES

## LO MEJOR DE BREST

Si buscas un postre para una ocasión especial, el París-Brest es la opción perfecta. Este impresionante pastel tipo rosca de delicada pero crujiente pasta *choux* está relleno de una espesa crema, conocida como *crème mousseline*, normalmente de sabor dulce y avellanado llamada praliné. Luego, todo el conjunto se adorna con almendras laminadas.

## EXCELENTES 'ÉCLAIRS'

El *éclair* (petisú), quizá el más popular de todos los dulces franceses, es un pastelillo elaborado con una ligera y crujiente masa *choux,* relleno de nata o crema pastelera y cubierto con un brillante glaseado de todo tipo de sabores, desde chocolate hasta caramelo y maracuyá. *Éclair* significa "relámpago", posiblemente porque está tan bueno ¡que se come en menos de lo que dura ese fenómeno!

***FOTOS:** surtido de éclairs (izda.); dos París-Brest con relleno de chocolate y crema pastelera (arriba); tartas Ópera (pág. siguiente arriba); milhojas de fresas (pág. siguiente abajo).*

## ¡SUENA BIEN!

Con siete capas de auténtica perfección, la tarta Ópera es tan fabulosa como una obra musical. A diferencia de muchos pasteles con una larga historia, esta tarta es una creación relativamente reciente, de la década de 1950. Con siete capas de bizcocho, crema de café y reluciente *ganache* de chocolate, ¡este postre se convirtió en un icono de forma casi inmediata!

La tarta Saint Honoré toma su nombre del santo patrón francés de los pasteleros.

## UNA DULCE FIESTA

Hay tantos y tan deliciosos dulces parisinos que es complicado elegir el mejor, aunque con estas dos clásicas creaciones francesas es imposible equivocarse. Famoso por sus muchas capas hojaldradas, el milhojas tiene tres pisos de hojaldre, un relleno a base de crema pastelera y una capa de glaseado como cubierta. Como el milhojas, la tarta Saint Honoré también se asienta en el hojaldre, pero este de forma redonda sobre el que se coloca crema de nata y una corona de profiteroles rellenos de crema pastelera y cubiertos de azúcar caramelizado.

# SORBIENDO CARACOLES

Según de dónde seas, puede que dudes ante la idea de comer caracoles. Pero, en Francia, los *escargots,* que así es como se llaman en francés, están considerados una exquisitez.

Comer caracoles no es nada nuevo: existen registros de que los antiguos romanos ya se deleitaban con ellos hace más de 2000 años. Pero probablemente llevamos comiéndolos desde mucho antes: existen indicios de que los antiguos humanos ya sorbían caracoles ¡hace más de 30 000 años! Sin embargo, según la leyenda, el primer plato de *escargots,* tal cual los conocemos actualmente, se sirvió en el s. XVII durante el reinado de Luis XIV, ¡aunque nadie lo sabe con certeza!

Para preparar los caracoles al estilo francés, primero hay que cocerlos brevemente sin la concha. Luego, se cocinan en una mezcla de mantequilla de ajo y hierbas, y finalmente vuelven a colocarse en sus conchas para ser servidos. Los comensales usan un pequeño tenedor especial para sacar la carne de la concha y, luego, ¡para adentro! Los amantes de los caracoles describen su sabor como una mezcla de almeja y seta.

Los escargots deben masticarse, ya que pueden resultar algo gomosos.

***FOTOS:** caracoles (dcha.); L'Escargot Montorgueil (pág. siguiente).*

## SIGLOS DE CARACOLES

¿Te apetecen unos *escargots*? Prueba en L'Escargot Montorgueil, un histórico restaurante abierto desde 1832 y cuya entrada está coronada ¡por un enorme caracol dorado!

# BOCADOS GLOBALES

La influencia de la comida francesa es palpable en todo el mundo: en Nueva York, un chef pastelero inventó una mezcla entre dónut y cruasán llamada *cronut*.

## UN FESTÍN DE FALAFELES

Lógicamente, París es una ciudad de fuerte cultura y tradición francesas, pero también tiene muchas influencias multiculturales. Gracias a sus muchos inmigrantes libaneses y sirios, en la ciudad se ofrecen algunos de los mejores falafeles del mundo. Los falafeles son bolas fritas de pasta de garbanzos o habas. Suelen comerse con sabrosas salsas, como hummus o *tahini,* a menudo servidos en pan de pita caliente.

***FOTOS:** falafeles con pan de pita y salsa de yogur (arriba); tayín (pág. siguiente arriba); bocadillo* bánh mì *(pág. siguiente abajo).*

## TIEMPO DE TAYÍN

El tayín *(tagine)* es un delicioso guiso cocinado a fuego lento que toma su nombre de la cazuela de barro con tapa cónica en la que se elabora. Aunque procede del norte de África, en París también se pueden encontrar auténticos tayines. Desde principios del s. XX, muchos marroquíes y gente de otras partes del norte de África empezaron a emigrar a Francia y con ellos llevaron muchas de sus costumbres, incluido el tayín, que rápidamente triunfó en todo el país.

## COMIDA DE FUSIÓN

Durante el s. XIX, Francia colonizó partes del sureste asiático, incluido Vietnam. Esto provocó cierta influencia francesa en aquellas culturas y vidas cotidianas, y viceversa. Un ejemplo de esa fusión cultural fue el *bánh mì,* un bocadillo elaborado con pan de *baguette* relleno de carnes a la parrilla, verduras encurtidas y salsas vietnamitas. Más recientemente, el *bò bún,* un plato de fideos de arroz fríos, verduras encurtidas, carnes a la parrilla y salsa de hierba limón, se ha vuelto muy popular en París.

# PASEA POR LOS CAMPOS ELÍSEOS

*FOTO: vista del Arco de Triunfo desde los Campos Elíseos.*

# UNA VIDA DE LUJO

## MUY CHIC

La historia de los **Campos Elíseos,** una de las principales avenidas de París, empieza a principios del s. XVII, cuando se plantó una hilera de árboles para la reina María de Médici. Pronto empezaron a abrir tiendas y *boutiques* a lo largo del bulevar, y en el s. XIX ya era considerado uno de los paseos más de moda de la ciudad. Hoy en día, los Campos Elíseos son un destino imprescindible para cualquier turista y la sede de muchas marcas internacionales de lujo.

## SIGUE TU OLFATO

La moda no es el único lujo que hay en los Campos Elíseos. Sigue los dulces aromas hasta **Guerlain,** una famosa perfumería inaugurada en 1828. Guerlain era el responsable de suministrar exclusivos perfumes a los ricos y famosos, incluida la esposa del emperador francés Napoleón III.

## MARAVILLOSOS 'MACARONS'

¿Puede una galleta ser un lujo? ¡Sí, si es de **Ladurée**! Esta casa de repostería de lujo se fundó en 1862. En 1930, Ladurée fue el lugar donde se inventó la más emblemática de las galletas francesas: el *macaron*. Es tan popular en Francia que el 20 de marzo se celebra el Día Nacional del Macaron. Este ligero sándwich de galleta está elaborado con harina de almendra y merengue, y lleva un relleno de innumerables sabores, desde rosa hasta chocolate o pistacho. Casi todos los *macarons* son de vivos colores, haciendo que sean ¡casi demasiado bonitos para morderlos! ¡Pásate por esta tienda para disfrutar de una dulce merienda!

## BOCADOS CLÁSICOS

En los Campos Elíseos está la **Brasserie Fouquet's,** una histórica *brasserie* (restaurante informal) francesa. Fundada en este mismo sitio en 1899, ¡es un sitio muy sofisticado! Ofrece clásicos franceses, como tartar de ternera (ternera cruda finamente troceada y servida con yema de huevo cruda y otros) y *escargots* (pp. 66-67).

***FOTOS:** fachada de Guerlain (pág. anterior abajo); tiendas en los Campos Elíseos (pág. anterior arriba); macarons de Ladurée (arriba); frente a la Brasserie Fouquet's (dcha.).*

# AVENIDA DE LAS CELEBRACIONES

## FIESTA Y DESFILE

En 1789, los franceses lo estaban pasando muy mal. Los alimentos eran caros y la gente tenía muy poco dinero. Mientras tanto, el rey, la reina y la nobleza derrochaban enormes sumas de dinero. La gente ansiaba un cambio. El 14 de julio de 1789, el pueblo asaltó la prisión de la Bastilla (pp. 90-91) e inició un largo proceso para derrocar a la monarquía francesa y devolver a la gente sus derechos. Este hecho marcó el inicio de la Revolución francesa. Actualmente, el 14 de julio es conocido como el **Día de la Bastilla** y se conmemora con fiestas, música, fuegos artificiales y el desfile militar más antiguo de Europa.

*Datos básicos*

Número de equipos ciclistas: **22**

Corredores en cada equipo: **8**

Año del primer Tour de Francia: **1903**

Dinero en premios: **aprox. 2,5 millones de euros**

En el 2024, debido a que las Olimpiadas de Verano se celebraban en París, el Tour terminó en una ciudad diferente por primera vez en más de 100 años.

**SOFISTICADOS FUEGOS ARTIFICIALES**

El Día de la Bastilla culmina con fuegos artificiales junto a la Torre Eiffel.

# TOUR DE FRANCIA

¿Quieres ver en directo la carrera ciclista más exigente del mundo? ¡Esta es tu oportunidad! El **Tour de Francia** es una carrera ciclista que se celebra en julio. A diferencia de la mayoría de las carreras, el Tour dura casi tres semanas y recorre 3600 km, lo que equivale a más de tres veces la longitud de Francia. Los ciclistas se enfrentan a empinados ascensos de montaña, así como a tramos llanos donde deben pedalear tan rápido como puedan; el ganador es el ciclista con el mejor tiempo combinado de todas las etapas. El lugar de inicio de la carrera cambia de un año a otro, pero siempre termina en los Campos Elíseos.

***FOTOS:** ciclistas del Tour de Francia en los Campos Elíseos (izda.); desfile militar del Día de la Bastilla en los Campos Elíseos (pág. contigua arriba); fuegos artificiales en la Torre Eiffel (arriba).*

# ARCO DE TRIUNFO

El **Arco de Triunfo** es un emblemático monumento construido para conmemorar las victorias militares de Francia. Aquí, en un extremo de los Campos Elíseos, convergen 12 calles principales para formar una plaza que parece un sol: Place Charles de Gaulle.

A principios del s. XIX, Napoleón Bonaparte se convirtió en el primer emperador del país. Fue él quien, en 1806, ordenó construir el arco, que no se completó hasta 1836. Por aquel entonces, era el arco triunfal más grande del mundo, con una altura equivalente a un edificio de cinco plantas, y todavía es uno de los más grandes del planeta.

Puedes visitar el arco y ver de cerca sus intrincadas tallas. El monumento es famoso por sus esculturas, con figuras que representan la Revolución francesa. Cerca del arco también puedes ver la **Tumba del Soldado Desconocido,** en conmemoración de los soldados franceses caídos en combate.

Dos veces al año, la puesta de sol se alinea perfectamente con el Arco de Triunfo y puede verse el ocaso a través de él.

**EMBLEMÁTICO PARÍS**

París es famoso por sus grandes y ordenadas avenidas flanqueadas de árboles y magníficos edificios, pero durante gran parte de su historia fue un batiburrillo de callejas de piedra y madera. Esto cambió en el s. XIX, cuando el gran urbanista Georges-Eugène Haussmann se puso al frente de un proyecto, bajo la supervisión de Napoleón III, para cambiar el aspecto de la ciudad.

*FOTO: Arco de Triunfo.*

¡Son casi 300 escalones hasta lo alto del Arco de Triunfo! Pero el esfuerzo merece la pena (¡también hay un ascensor!) por las increíbles vistas de la ciudad que hay desde arriba.

# UN POCO DE CULTURA

## UNA IDEA GANADORA

En 1900, visitantes de todo el mundo llegaron a París para asistir a otra Exposición Universal, gran escaparate mundial de la cultura, ciencia e inventos internacionales. Como preparación para este gran evento, París celebró un concurso entre arquitectos locales para que diseñaran el mejor pabellón de exposiciones. La idea ganadora fue la del **Grand Palais:** un impresionante edificio con intrincadas columnas de piedra y una enorme cúpula de cristal. En el edificio se usó más hierro que ¡en toda la Torre Eiffel!

*Belle époque* es un término usado para describir el glamuroso estilo de París entre 1871 y 1914. La moda femenina se caracterizaba por mangas anchas, mucho encaje, grandes sombreros y sombrillas de mano.

Hicieron falta tres años y 1500 trabajadores para construir el Grand Palais.

## EL PALACIO DE LAS ARTES

A pesar de su nombre, el **Petit Palais** nunca fue un palacio, ¡a no ser que se considere un palacio del arte! Al igual que el Grand Palais, esta impresionante estructura se construyó en 1900 para la Exposición Universal, y en 1902 se convirtió en un museo de las artes. Rebosante por fuera de estatuas doradas, cúpulas e imponentes arcos, alberga obras maestras de la pintura y la escultura. Cada galería tiene 15 m de largo e incluye murales sobre París y su historia. Aquí también puedes disfrutar de actividades diversas, como cuentacuentos y divertidos talleres, o corretear por su pintoresco (¡y algo escondido!) patio.

***FOTOS:** Petit Palais (izda.); interior del Grand Palais (arriba).*

# UN LUGAR PARA LA PAZ

## UNA HISTORIA SORPRENDENTE

Actualmente, con sus grandes espacios abiertos e imponentes edificios, **Place de la Concorde** parece bastante tranquila. De hecho, *concorde* significa "concordia". Sin embargo, esta plaza pública esconde una historia espantosa. Durante la Revolución francesa (p. 74), los revolucionarios derrocaron a la monarquía francesa y ejecutaron a muchos de sus miembros. Durante varios años, la plaza fue el lugar de muchas de estas ejecuciones: de hecho, aquí fue donde los revolucionarios guillotinaron al rey Luis XVI y a la reina María Antonieta.

## FUENTES Y DIVERSIÓN

Muchos turistas acuden a Place de la Concorde por su importancia histórica, pero también por ¡sus fuentes! Adornadas con oro, la **Fontaine des Mers** (fuente de los Mares) y la **Fontaine des Fleuves** (fuente de los Ríos) incluyen esculturas de bronce de sirenas, peces y dioses romanos acuáticos, con imponentes chorros de agua trazando arcos por encima de ellas.

El obelisco de Luxor originalmente formaba parte de una pareja; el otro sigue en el templo de Luxor, en Egipto.

## DIGNO DE UN FARAÓN

En un extremo de Place de la Concorde hay un enorme obelisco, o pilar puntiagudo, procedente del antiguo Egipto. Se trata del **obelisco de Luxor,** un monolito de granito rosa tallado en Egipto hace más de ¡3000 años! El monumento se creó originalmente para conmemorar al antiguo faraón Ramsés II. Pero, ¿cómo acabó aquí? El obelisco fue un regalo de Egipto a Francia y lleva aquí desde 1836.

***FOTOS:** Place de la Concorde (pág. anterior); Fontaine des Fleuves (arriba); base del obelisco de Luxor (izda.).*

# UNA CIUDAD MONUMENTAL

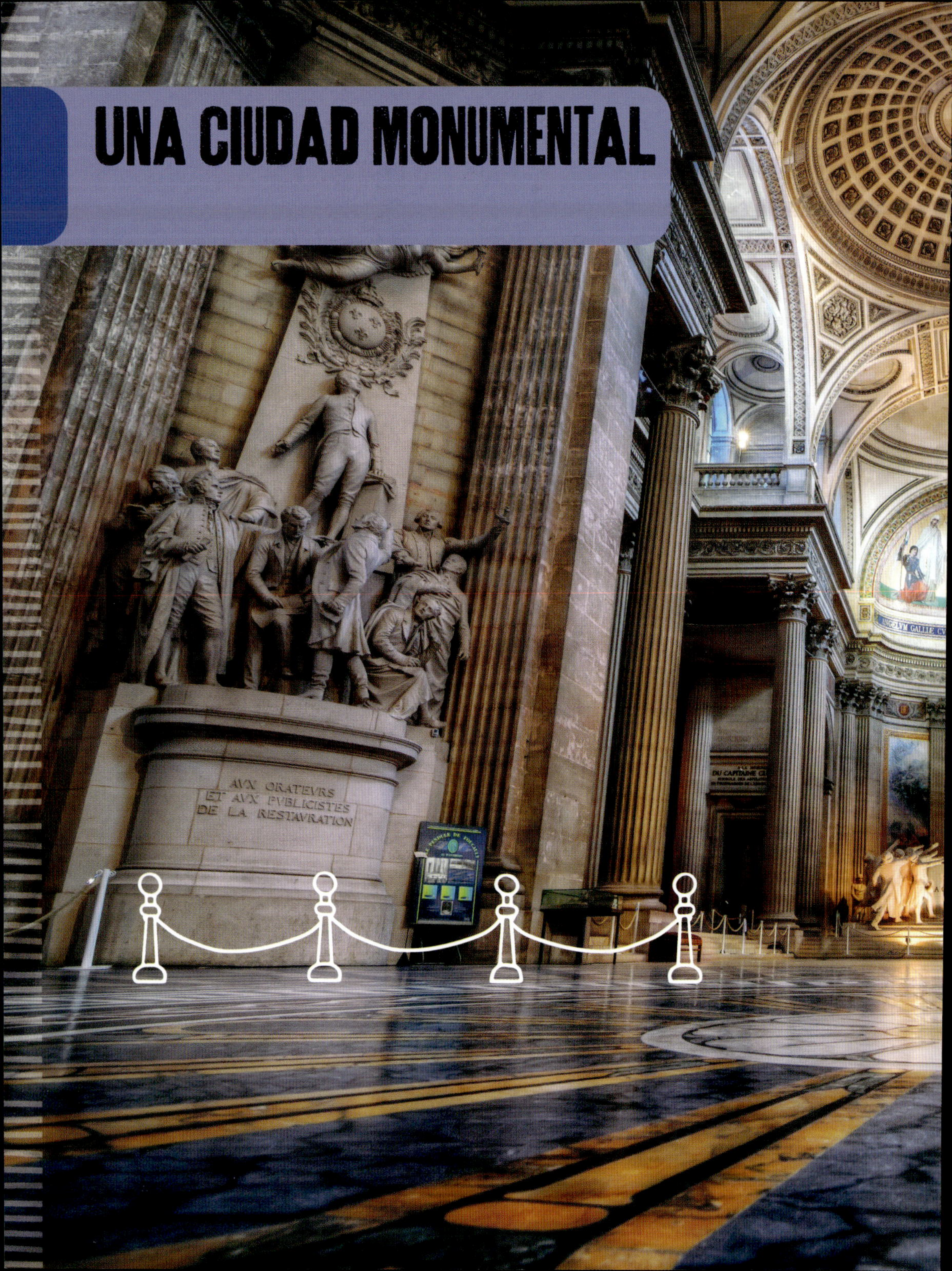

A LA GLOIRE
DES GÉNÉRAVX
DE LA
RÉVOLVTION FRANÇAISE

# VERSALLES

¿Quieres vivir como un rey durante un día? Ve de excursión al **Château de Versalles** (palacio de Versalles), 16 km a las afueras de París. Construido como un lujoso pabellón de caza para el rey Luis XIII en 1624, fue transformado en residencia real en 1661 por su sucesor, Luis XIV.

¡El palacio es enorme! Tiene 63 154 m², lo que equivale al tamaño ¡de más de 240 pistas de tenis! Incluye innumerables ventanas, estatuas y decoraciones, como la verja delantera, recubierta de pan de oro.

Los terrenos también son inmensos, con parques, jardines, caballerizas, un canal, un lago, una cascada y mucho más. Dentro todo es igual de majestuoso. Sus 2300 salas albergan no pocos tesoros, incluidos grandes cuadros, estatuas de mármol y pan de oro hasta donde alcanza la vista. Puedes echar un vistazo a los aposentos de la reina María Antonieta o pasear por la galería de los Espejos, un impresionante pasillo lleno de enormes espejos, lámparas de araña de cristal y techos fastuosamente pintados.

***FOTOS:** interior del Panteón (pág. anterior); palacio de Versalles (dcha.); galería de los Espejos (pág. siguiente arriba).*

**EN CIFRAS**

Versalles es un palacio de proporciones épicas. ¡Solo tienes que fijarte en las cifras! El palacio tiene 2143 ventanas. En el interior, 67 escaleras permiten conectar con las plantas superiores. Y, del tejado, sobresalen más de 1200 chimeneas.

A María Antonieta, que también vivió en Versalles, le gustaba tanto el chocolate caliente que en palacio tenía a su propio chocolatero personal.

# OTROS PALACIOS PARISINOS

## ¡EN COLUMNA!

A pocos pasos del Louvre, el **Palacio Real** se construyó a principios del s. XVII y ahora es famoso por las Columnas de Buren: 252 columnas blancas y negras de varios tamaños, instaladas en el patio, que crean una ilusión óptica. Mientras las exploras, mira hacia abajo, ya que algunas ¡se prolongan por debajo del suelo hasta un estanque casi oculto!

## SAL DE PÍCNIC

Originalmente llamada Place Royale, esta bonita plaza antaño era un lugar habitual para ¡batirse en duelo! También es la plaza más antigua de Francia. Se creó para que los nobles pudieran escapar de las ajetreadas, y por entonces caóticas, callejuelas de París. Actualmente se llama **Place des Vosges** y es ideal para hacer un pícnic entre sus pintorescos edificios y zonas de césped. Mientras estás allí, puedes visitar la antigua casa de Victor Hugo, el famoso autor de *Los miserables*.

***FOTOS:** Place des Vosges (izda.); patio del Palacio Real (arriba); palacio y jardines de Luxemburgo (pág. siguiente arriba); verjas del Palais de l'Élysée (pág. siguiente abajo).*

## TRATAMIENTO REAL

Con su enorme tamaño y bonito diseño, el **Palais de Luxembourg** (palacio de Luxemburgo) es digno de una reina, es decir, exactamente lo que era. Construido para la reina María de Médicis en 1625, el estilo italiano del lugar refleja el origen de la monarca. Puedes visitar sus jardines (p. 37) y su biblioteca, que alberga ¡450 000 libros!

Durante la Revolución francesa, el Palais de Luxembourg sirvió de cárcel.

## PALACIO PRESIDENCIAL

El **Palais de l'Élysée** es un edificio cargado de historia. Construido a principios del s. XVIII para un conde, se convirtió en la sede del jefe de Estado a finales del s. XIX y, poco después, a él llega la electricidad y el agua caliente, algo inusual en aquella época. Actualmente es la residencia oficial del presidente de Francia. Tiene 365 habitaciones y 100 relojes, y en sus terrenos conviven 100 especies de árboles y miles de flores.

# MONUMENTOS MACABROS

**Datos básicos**

Número de tumbas en el cementerio de Montmartre: **20 000**

Número de muertos de la Revolución francesa enterrados sin identificar: **40 000**

Tamaño del cementerio: **11 Ha**

Aunque el compositor de música clásica Frédéric Chopin está sepultado en el Père Lachaise, su corazón yace en Polonia.

## UN CEMENTERIO FAMOSO

París tiene todo tipo de monumentos, incluidos algunos a los muertos. A menudo identificado como el camposanto más visitado del mundo, el **Père Lachaise** es tan grande como famoso. Aunque se creó en 1804, los huesos de algunos de sus inquilinos son mucho más antiguos. Originalmente construido a las afueras de París, como se creía que estaba demasiado lejos de la ciudad para resultar atractivo, para animar a la gente a elegirlo para enterrar a sus seres queridos, los administradores del lugar consiguieron trasladar hasta él los restos de muchos famosos. Actualmente, entre sus distinguidos residentes figuran músicos (desde Jim Morrison hasta Frédéric Chopin), escritores (desde Oscar Wilde hasta Gertrude Stein) y muchos otros.

## UN CEMENTERIO SECRETO

Aunque menos famoso que el Père Lachaise, el cementerio de Montmartre **(Cimetière de Montmartre)** bien merece una visita. Inaugurado en 1825, en este camposanto yacen los restos de muchos grandes personajes de la historia de Francia, como el escritor Alejandro Dumas *fils* (hijo de Alejandro Dumas, autor de *Los tres mosqueteros*). Es el tercer cementerio mayor de la ciudad. Se puede caminar entre sus tumbas o contemplarlas desde lo alto mientras cruzas el puente de Rue Caulaincourt.

Al noroeste de París hay un cementerio exclusivamente dedicado a mascotas llamado Cimetière des Chiens ("cementerio de perros").

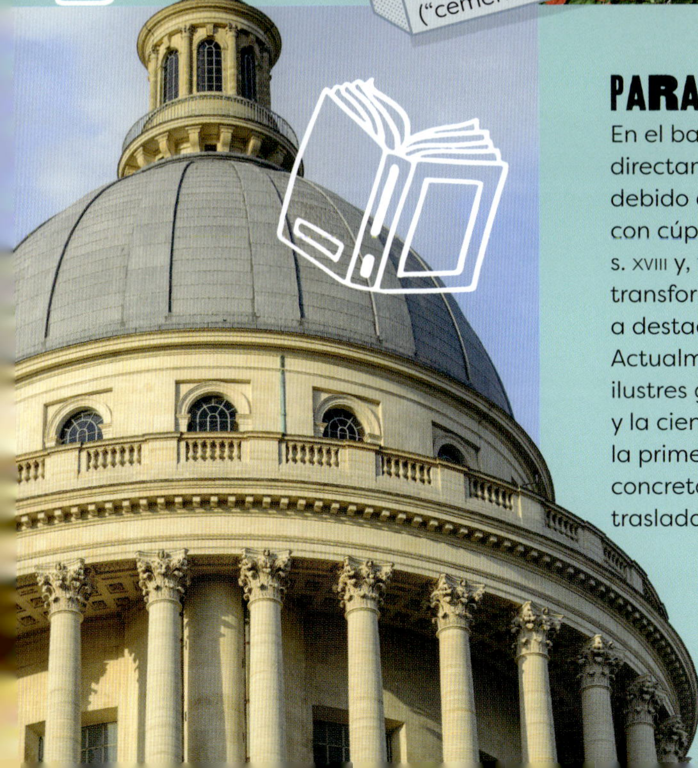

## PARA LA GENTE

En el barrio Latino, el **Panteón** parece directamente sacado de la antigua Roma debido a sus grandes columnas y techo con cúpula. Se construyó a finales del s. XVIII y, tras la Revolución francesa, se transformó en un monumento para honrar a destacados ciudadanos franceses. Actualmente, aquí descansan muchos ilustres galos, como el escritor Victor Hugo y la científica Marie Curie. Esta última fue la primera mujer en entrar en el Panteón, concretamente en 1995, cuando fueron trasladados sus restos.

***FOTOS:** Panteón (izda.); mausoleo en el Père Lachaise (pág. anterior); tumba de Alejandro Dumas fils en el cementerio de Montmartre (arriba).*

# UN VISTAZO AL PASADO

## MONUMENTO AL PASADO

Hoy, este sitio histórico es una gran plaza abierta. Sin embargo, hace más de 230 años, **Place de la Bastille** albergaba la Bastilla, la cárcel más conocida de París. Construida como una fortaleza en el s. XIV, fue usada como prisión durante el reinado de Luis XIII en el s. XVII. A medida que las cosas empeoraban para el pueblo llano, la cárcel se convirtió en un símbolo de opresión (p. 74). El 14 de julio de 1789, una turba enfurecida tomó el lugar, lo que supuso el desencadenante de la Revolución francesa. La Bastilla fue finalmente demolida y, ahora, todo lo que queda es esta plaza.

## RETROCEDER EN EL TIEMPO

Viendo la concurrida plaza, rodeada de edificios modernos y coches que pasan zumbando, puede que te resulte difícil imaginar cómo debía ser la Bastilla. Por suerte, ¡no tienes que hacerlo! La **terminal Timescope,** en la esquina de Boulevard Richard Lenoir, ofrece una visión de 360° de realidad virtual en 3D del aspecto que tuvo este sitio. Usando una alta máquina giratoria con unos binoculares especializados, descubre cómo debió ser la Bastilla ¡entre 1416 y 1789!

## SIEMPRE ESTILOSA

El ajetreo de **Rue du Faubourg Saint-Antoine,** una de las calles más antiguas de la ciudad, se remonta a la época medieval. En el s. XV, esta calle era famosa por sus ebanistas, ¡con más de 200 talleres en la zona! Ahora, sus tiendas son un poco más modernas, pero igual de populares que siempre. Echa un vistazo al laberinto de pequeños pasajes y patios alrededor de la calle.

***FOTOS:** Place de la Bastille (pág. anterior); grabado de la Bastilla (arriba); Rue du Faubourg Saint-Antoine (izda.).*

# MAESTROS DEL ARTE

## EXPOSICIONES FASCINANTES

Diseñado para llamar la atención, con sus coloridas tuberías industriales a la vista y paredes de cristal, en 1977 se inauguraba el **Centre Pompidou,** un espacio perfecto para disfrutar del arte contemporáneo y dejar volar la imaginación. Unas escaleras mecánicas exteriores dentro de tubos transparentes te llevan al interior. El museo alberga cuadros de grandes artistas como Warhol y Picasso. Una galería para niños ofrece actividades donde el arte cobra vida. También hay una enorme biblioteca pública ¡con más de 400 000 libros!

### Datos básicos

Número de obras de Monet: **más de 2000**

Edad a la que Monet pintó su primer cuadro: **17**

Precio más alto pagado por un cuadro de Monet: **99 millones de euros**

En sus últimos años, a pesar de la pérdida de visión, Monet pintó algunos de sus cuadros más famosos, conocidos como *Los nenúfares*.

**ARTE ANTIGUO**

Algunas de las muestras de arte más antiguas del mundo están en Francia, pero no en un museo. El sistema de cuevas de Lascaux, en el suroeste del país, alberga pinturas realizadas por humanos hace entre 12 000 y 36 000 años.

## CONOCE A MONET

En 1790, una mansión conocida como Château de la Muette fue dividida en parcelas más pequeñas y vendida. Casi un siglo después, parte de la propiedad pasó a manos de un amante del arte llamado Jules Marmottan. Actualmente, el **Musée Marmottan Monet** (Museo Monet) alberga la colección original de Marmottan, así como una enorme selección de obras del pintor impresionista francés Claude Monet. Además de la colección más grande del mundo del célebre pintor impresionista, el museo también exhibe obras de Berthe Morisot, la primera gran pintora impresionista, y muchas otras joyas, incluidas obras medievales.

***FOTOS: interior del Musée Marmottan Monet (izda.); Centre Pompidou (arriba).***

# EL LADO MÁS SALVAJE

# ANIMALES INCREÍBLES

## UN MUNDO MARAVILLOSO

¡Entre las ajetreadas calles de París existe un mundo salvaje! Entra en el **Jardin des Plantes** para descubrir extensos jardines e invernaderos. Creado como jardín medicinal para el rey en 1635, el lugar incluye más de 2000 tipos de plantas y algunos árboles ¡de casi 300 años! Además, el Jardin des Plantes alberga la Ménagerie, uno de los zoos más antiguos del mundo. Inaugurado en 1794, actualmente cuenta con 1200 animales y tiene varios programas para aumentar la población de especies en peligro de extinción.

### *Datos básicos*

Número de especies animales: **aprox. 255**

Tamaño del zoo: **14 Ha, como unos 14 campos de fútbol**

Punto más alto: **65 m**

**LA JIRAFA DE MODA**

En la década de 1820, el virrey de Egipto le regaló al rey de Francia una jirafa llamada Zarafa, que vivió en la Ménagerie del Jardin des Plantes y se convirtió en toda una celebridad. Zarafa era tan popular que muchas mujeres se hicieron un peinado basado en sus pequeños cuernos.

En el Parc Zoologique de Paris, conoce al perro venadero, un pequeño cánido (familia de los chuchos) que pasa mucho tiempo en el agua.

# REINO ANIMAL

Para ver fauna salvaje, dirígete al **Parc Zoologique de Paris,** un enorme zoo en el que viven ¡alrededor de 3000 animales! El lugar cuenta con cinco hábitats naturales para que puedas ver el auténtico comportamiento de sus inquilinos. Observa de cerca increíbles especies, como lémures, fosas, leones, rinocerontes, leones marinos, pingüinos y muchos otros. Un punto destacado del zoo es una montaña de 65 m con serpenteantes senderos para los carneros salvajes. El zoológico también tiene programas especiales dedicados a salvar especies amenazadas, como el manatí antillano y el puma chileno.

***FOTOS:** cebra en el Parc Zoologique de Paris; manatí en el Parc Zoologique de Paris (izda.); Jardin des Plantes (arriba).*

# DATE UN CHAPUZÓN

## CANALES GENIALES

¡Vamos, tírate, el agua está genial! Disfruta de un baño en el **Bassin de la Villette,** un estanque con varias pozas artificiales al aire libre para bañarte de forma segura. También hay muchos deportes acuáticos, hidropedales, kayaks y mucho más. Si no te apetece un baño, ve al **canal Saint-Martin,** una zona muy de moda junto al bonito canal que desemboca en el estanque. Pasea o pedalea por la orilla del histórico canal, creado en 1825, o contempla los puntos de interés en un crucero por sus aguas. ¡Hay muchas panaderías donde poder disfrutar de un tentempié!

***FOTOS:** Bassin de la Villette (arriba); Paris Plages en el Sena (pág. siguiente arriba); toboganes de agua en el Aquaboulevard de París (pág. siguiente abajo).*

## ¡VAMOS A LA PLAYA!

París está lejos de la costa, pero esto no significa que no tenga playa. Durante el evento estival **Paris Plages,** en la ciudad surgen playas artificiales a lo largo del Sena y en el Bassin de la Villette. Allí encontrarás tumbonas, sombrillas ¡e incluso palmeras! Las playas del Bassin de la Villette incluso tienen duchas y casetas para cambiarse. Además, hay vendedores que ofrecen tentempiés y helados.

Tobogán acuático del Aquaboulevard dentro de una reproducción a tamaño real de ¡una ballena azul!

### Datos básicos

Tamaño del parque Aquaboulevard: **7000 m², aprox. como cinco piscinas olímpicas**

Número de toboganes de agua: **11**

## FIESTA EN LA PISCINA

Prepárate para un buen chapuzón en el enorme **Aquaboulevard de París,** ¡el parque acuático urbano más grande de Francia! Tírate por toboganes de agua, chapotea en piscinas de olas, desciende por ríos lentos, entra en calor en *jacuzzis* y mucho más. Incluso puedes relajarte en una playa de arena de más de 3 km de largo.

# A LO MÁS ALTO

Puede que París sea un ajetreado centro urbano, pero esto no significa que no puedas hacer una buena excursión a pie. Equípate bien y dirígete a la colina de **Montmartre,** el histórico barrio parisino.

Hay varias formas de llegar a lo alto, incluido el funicular (pp. 30-31), pero la más divertida es subir las escaleras hasta la **Basilique du Sacré-Coeur** (basílica del Sagrado Corazón), construida entre finales del s. XIX y principios del s. XX y famosa por sus cúpulas blancas.

Tendrás que subir casi 300 escalones (¡coge una botella de agua rellenable!), pero las vistas merecen la pena. Para algo aún más exigente, ¡también puedes subir hasta lo alto de la cúpula central de la basílica!

Asegúrate de echar un vistazo a otros puntos de interés de Montmartre. Cerca del Sacré-Coeur está una de las iglesias más antiguas de París, la **Paroisse Saint-Pierre de Montmartre.** Entra en las cercanas tiendas para comprar recuerdos, y busca carritos de comida de temporada: en invierno, ¡asegúrate de probar las castañas asadas!

***FOTOS:** Basilique du Sacré-Coeur (dcha.); exterior del Moulin Rouge (pág. siguiente).*

La Sacré-Coeur permanece relucientemente blanca gracias a sus bloques de piedra caliza: cuando llueve, las piedras segregan una sustancia blanca que luego se endurece.

## *Datos básicos*

Tiempo de construcción: **de 1875 a 1923**

Altura de la cúpula central: **83 m**

Anchura: **35 m**

Longitud: **83 m**

### ¡CANCANEA!

Uno de los cabarés más famosos del mundo, el Moulin Rouge, en Pigalle (a los pies de Montmartre), es famoso por el molino de viento rojo de su tejado (*moulin rouge* significa "molino rojo"). Originalmente, el local fue fundado como un salón de baile cuyos artistas crearon un nuevo baile caracterizado por patadas altas: el cancán.

# NATURALEZA BAJO TECHO

## LA INCREÍBLE TIERRA

Llueva o hiele, aún puedes encontrar formas de disfrutar de París. El **Muséum National d'Histoire Naturelle** (Museo Nacional de Historia Natural) está formado por varios museos, tres de los cuales se localizan en el Jardin des Plantes (pp. 96-97). Explora la **Grande Galerie de l'Évolution** para saberlo todo sobre los animales mientras contemplas cerca de 7000 ejemplares disecados. Asómbrate con los fósiles de dinosaurios y otras criaturas prehistóricas en la **Galerie de Paléontologie et d'Anatomie Comparée.** Y, si te gustan las rocas y minerales, visita la **Galerie de Géologie et de Minéralogie** para alucinar con sus cristales, gemas y mucho más.

La Galerie de Géologie alberga cristales más altos que una persona adulta.

El acuario a veces acoge espectáculos en los que una mujer nada bajo el agua disfrazada de sirena.

**PEQUEÑO PERO MATÓN**

Hace 150 millones de años, en la actual zona de Francia vivía el *Compsognathus,* un pequeño tipo de dinosaurio del tamaño aproximado de un pollo. Probablemente corría muy rápido y usaba su velocidad para cazar presas aún más pequeñas.

**Datos básicos**

Especies de tiburones:
**4**

Especies de medusas:
**más de 55**

Cantidad mensual de comida consumida por los animales:
**0,9 toneladas**

# MARAVILLAS ACUÁTICAS

Sumérgete en el **Aquarium de Paris** para explorar las maravillas de los océanos. Fundado en 1867, este acuario fue uno de los primeros del mundo. Con 13 000 animales marinos, está dedicado a apoyar la conservación de los océanos. Echa un vistazo al enorme tanque de tiburones, ¡con más de 38 grandes tiburones!, alucina con las 2500 medusas del Médusarium, el más grande de Europa, o explora las 700 coloridas colonias de coral.

***FOTOS:** medusas en el Aquarium de Paris (izda.); fósiles en el Muséum National d'Histoire Naturelle (arriba); Compsognathus (arriba, en pequeño).*

# EXPLORACIÓN URBANA

## RECORRE EL BARRIO LATINO

El **barrio Latino,** una de las zonas más antiguas de París, es donde se asentaron los antiguos romanos. Entre sus serpenteantes calles adoquinadas encontrarás edificios históricos y ruinas, incluido el antiguo anfiteatro romano conocido como las **Arènes de Lutèce,** donde cabían ¡15 000 personas!

## CALLEJEA POR LE MARAIS

**Le Marais,** antaño una zona pantanosa, ahora es famoso por su modernidad y encanto, con estrechos callejones y mansiones del s. XVII. Descubre singulares tiendas, haz un pícnic en sus parques o explora el **barrio judío** para dar con multitud de panaderías donde comprar deliciosos bocados. También puedes explorar lugares creados por los templarios, un famoso grupo medieval de caballeros cruzados.

## PASEA POR SAINT-GERMAIN

**Saint-Germain** (oficialmente llamado Saint-Germain-des-Prés) es un encantador barrio histórico en el corazón de París. Con sus cafés dignos de postal, como **Les Deux Magots,** y sus pastelerías llenas de dulces, este barrio parece directamente sacado de una película. También alberga la tienda de chocolate más antigua de la capital, inaugurada en 1761: **À la Mère de Famille** tiene ¡más de 260 años!

## DISFRUTA DE BELLEVILLE

Aléjate de las multitudes en **Belleville.** Este animado barrio es el sitio perfecto para visitar varios mercados de alimentación y mercadillos cubiertos y al aire libre. En Belleville también convergen muchas culturas internacionales. Prueba comida argelina o china, o pídela para llevar y ve al **Parc de Belleville.** A 128 m sobre el nivel del mar, este es el sitio perfecto para admirar la pintoresca silueta de París.

***FOTOS:** el barrio Latino de noche (pág. anterior arriba); Les Deux Magots en Saint-Germain (arriba); de compras en Belleville (dcha.); cafés en Le Marais (pág. anterior abajo).*

# PARÍS VERDE

FOTO: Parc des Buttes-Chaumont.

# PARQUES RECONVERTIDOS

**FAUNA PARISINA**

Si quieres ver animales en la ciudad, mantén los ojos abiertos porque hay muchas aves, incluidas las comunes palomas y gorriones, y otras más raras, como cernícalos, gansos y patos, además de zorros, ardillas y muchas otras especies.

## ¡POR ENCIMA DEL RESTO!

En París hay muchos parques increíbles, pero el **Promenade Plantée** está por encima del resto, ¡literalmente! A unos 10 m sobre el suelo, esta bonita zona verde ocupa un viaducto, o puente elevado, por el que discurrían las vías de tren. Ahora, las vías han sido sustituidas por un frondoso paseo verde con árboles, flores y hasta estanques.

## UN PASADO PECULIAR

El **Parc des Buttes-Chaumont** es un lugar increíble, con un tranquilo lago, verdes acantilados e incluso una cascada que cae en una gruta escondida. Pero, siglos atrás, esta zona no era tan agradable. En la época medieval, aquí era donde los presos eran ejecutados. En algún momento también fue una cantera de la que se extraían minerales y también un vertedero. Afortunadamente, la cantera se limpió en el s. XIX para convertirla en el bonito parque que es hoy en día.

## SIGUE LAS VÍAS

Antes de la aparición del metro de París (pp. 24-25), la gente también necesitaba una forma de desplazarse por la ciudad. Afortunadamente, tenían la **Petite Ceinture,** o "pequeño cinturón", una línea ferroviaria que circunvalaba París. Pero, tras ser abandonada en 1934, la vegetación acabó cubriendo las vías, un espacio que ahora sirve de cobijo a más de 200 especies de animales y plantas. Varios tramos han sido oficialmente convertidos en paseos y parques, dando lugar a zonas verdes encantadoras ¡y algo secretas!

***FOTOS:** cernícalo (pág. anterior abajo); rosas en la Promenade Plantée (pág. anterior arriba); Parc des Buttes-Chaumont (arriba); Petite Ceinture (izda.).*

# JARDINES A TUTIPLÉN

## DIGNO DE UNA REINA

París tiene algunos de los mejores jardines del mundo, y no es de extrañar, ¡ya que muchos se concibieron para la realeza! A finales del s. XVI, la reina Catalina de Médicis ordenó crear el jardín de las Tullerías **(Jardin des Tuileries).** Aquí, puedes montar en un tiovivo antiguo o admirar las vistas desde lo alto del Jeu de Paume. Y no te pierdas la estatua del Gato con Botas al pie de la estatua de Charles Perrault, el escritor francés que lo creó. También puedes hacer navegar barcos de juguete en el Grand Bassin, jugar en los parques infantiles y ¡saltar en enormes camas elásticas!

**VERDE DE ENVIDIA**

¡París posee algunos de los jardines botánicos más interesantes del mundo! El de la Facultad de Ciencias Farmacéuticas y Biológicas suma unas 400 especies de plantas medicinales (venenosas incluidas).

El rey Luis XIII tenía su propio zoo privado en el jardín de las Tullerías.

## SAL DE VIAJE

Viaja a lugares lejanos del mundo sin salir de París visitando el **Jardin des Serres d'Auteuil,** en el Bois de Boulogne, el gran parque público. Creado en 1761, este jardín incluye más de 15 000 especies de plantas tropicales. Las plantas viven en cinco históricos invernaderos del s. XIX. Descubre orquídeas de vivos colores, imponentes palmeras e irresistibles papayos, observa de cerca cactus y otras maravillas del desierto, o pasea por los jardines japoneses. Incluso puedes pararte junto a estanques de carpas o aviarios llenos de coloridos pájaros.

***FOTOS:* Jardin des Serres d'Auteuil (izda.); jardín de las Tullerías (arriba).**

# LAS ISLAS

Si buscas el auténtico corazón de París, no busques más allá de la **Île de la Cité,** una isla en medio del Sena. Hace unos 2300 años, una tribu celta se asentó allí, marcando el inicio de lo que sería París.

Ahora, la isla es un tranquilo lugar de escapada lleno de historia. Empieza tu trayecto cruzando el puente más antiguo de París: el Pont Neuf, construido en 1578. Dirígete al **Square du Vert-Galant,** un parque medio secreto ideal para ir de pícnic. Luego, visita la **Sainte-Chapelle,** una capilla gótica construida en un palacio real medieval. Cerca de allí, otra visita imprescindible es la **Conciergerie,** otro antiguo palacio medieval que fue transformado en cárcel en el s. XIV. Más tarde, allí sería encarcelada la reina María Antonieta.

Sigue caminando para llegar a la emblemática catedral de Notre Dame (p. 50). Y asegúrate de echar un vistazo al Point Zéro, una placa de bronce frente a la catedral que marca ¡el mismísimo centro de París!

***FOTO: Pont Neuf e Île de la Cité.***

Nueve puentes conectan las dos islas con tierra firme.

**DE ISLA EN ISLA**

Cerca de la Île de la Cité está la más pequeña y tranquila Île Saint-Louis, con edificios de varios siglos de historia, incluido uno de los hoteles más antiguos de París. También está la heladería Berthillon, que abrió sus puertas en 1954, para hacerse rápidamente famosa por sus cremosos helados elaborados según una receta secreta.

# ARTE AL NATURAL

## PIENSA EN ELLO

¿Qué puede haber mejor que disfrutar de la belleza de la naturaleza? Pues deleitarse, además, con algunas obras de arte. En el **Musée Rodin** puedes ver piezas del gran escultor francés Auguste Rodin, autor de obras tan famosas como *El pensador.* Pero lo mejor de todo es el jardín de esculturas, donde podrás ver sus esculturas a lo largo de las diferentes estaciones. Con el cambio de follaje o las flores en todo su esplendor de fondo, las estatuas parecen cobrar vida.

***FOTOS:*** **El pensador** ***en el Musée Rodin (arriba); mosaico del Pato Lucas del artista callejero Invader (pág. siguiente arriba); Fontaine Stravinsky (pág. siguiente abajo).***

## ¡NOS INVADEN!

¿Sabías que en París también hay mucho arte urbano? Desde murales hasta grafitis, fabuloso arte callejero decora los pasajes y las fachadas de muchos edificios de la ciudad. Puedes ver estas obras allí donde vayas, ¡siempre que tengas los ojos bien abiertos! Uno de los artistas callejeros franceses más destacados es el conocido como Invader, famoso anónimo sobre todo por sus mosaicos de alienígenas, presentes por todo París ¡y en otras 78 ciudades de todo el mundo!

El artista callejero francés Invader ha creado algunas obras que solo pueden ser descubiertas por submarinistas.

*Datos básicos*

Número de mosaicos de Invader en todo el mundo: **más de 4000**

Número de continentes con arte de Invader: **6**

Altitud de la obra de Invader ubicada a mayor altura: **2362 m**

## IMÁGENES ESCUPIDORAS

Ubicada en el barrio de Beaubourg, la **Fontaine Stravinsky** lleva la frase "empaparse de arte" a un nuevo nivel. La fuente incluye 16 esculturas artísticas de vivos colores, algunas de las cuales lanzan chorros de agua. Creadas por los artistas Jean Tinguely y Niki de Saint Phalle, las divertidas esculturas están inspiradas en la música del famoso compositor Igor Stravinsky. Incluso hay un código QR que puedes escanear para escuchar una banda sonora pensada como acompañamiento.

# LAGOS ENCANTADORES

## ASILVÉSTRATE

¿Quieres alejarte de todo? Ve al **Lac Inférieur** en el Bois de Boulogne, un trozo de naturaleza que ofrece un soplo de aire fresco al ajetreo urbano. Ideal para la observación de aves, el lago también alberga una pequeña isla accesible en barca. En la zona incluso hay un *camping* donde se puede pasar la noche. Es como estar en otro mundo, ¡pero sin salir de París!

*FOTOS: barcas en el Lac Inférieur (arriba); barcos de vela en la Île de Loisirs de Saint-Quentin-en-Yvelines (pág. siguiente arriba); la Île de Loisirs de Bois-le-Roi (pág. siguiente abajo).*

## DIVERSIÓN BAJO EL SOL

Si buscas un lugar para practicar actividades en el agua o cerca de ella, ve hasta la **Île de Loisirs de Saint-Quentin-en-Yvelines.** Está unos 25 km a las afueras de París y ofrece opciones de kayak, navegación a vela, minigolf y mucho más. ¡Incluso hay una granja! En la naturaleza, mantén los ojos abiertos por si aparece algún ciervo, águila o castor.

## RUMBO A LA PLAYA

Si apetece una corta excursión de un día, la **Île de Loisirs de Bois-le-Roi** es uno de los mejores lugares para bañarse cerca de París. Solo 50 km a las afueras de la ciudad, vale la pena conducir hasta este lago. Además de playas de arena, aquí podrás chapotear en fuentes de chorros, lanzar unos tiros a canasta, jugar a vóley-playa, montar en bicicleta de montaña y probar con la escalada en roca.

# SECRETOS DE LA CIUDAD

*FOTO: catacumbas de París.*

# BAJO TIERRA

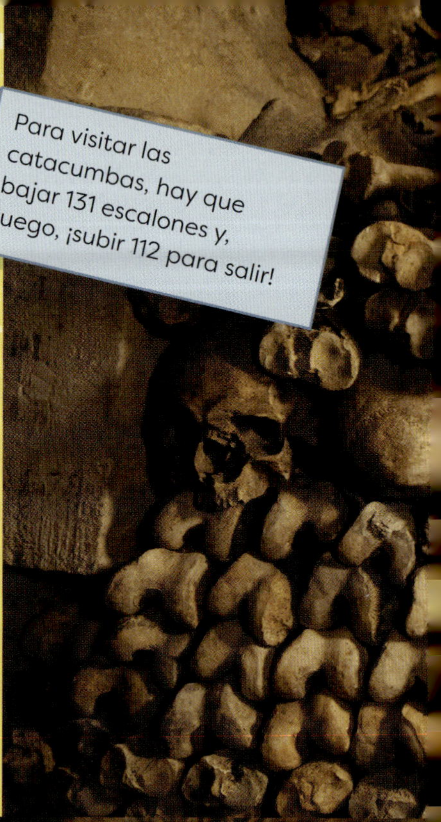

Para visitar las catacumbas, hay que bajar 131 escalones y, luego, ¡subir 112 para salir!

## HASTA LOS HUESOS

Prepárate para explorar una ciudad secreta que se extiende muy por debajo de las calles de París: ¡una ciudad de los muertos! Unos 20 m bajo la superficie, las catacumbas de París **(Catacombes de Paris)** albergan los restos óseos de millones de personas. Los antiguos romanos crearon estos túneles hace unos 2000 años cuando estaban extrayendo piedra. Pero los túneles no se llenaron de esqueletos hasta finales del s. XVIII, cuando los cementerios de París empezaron a abarrotarse. Hoy, puedes explorar un tramo circular de 1,6 km para ver estos huesos históricos, muchos de los cuales han sido dispuestos formando diseños artísticos.

### Datos básicos

Longitud de los túneles del alcantarillado de París: **más de 2100 km**

Número estimado de ratas en París, según los expertos: **más de 4 millones**

**EVENTOS ESTREMECEDORES**

Durante los siglos pasados, se celebraban eventos especiales, y a veces secretos, en las catacumbas, como proyecciones de películas, conciertos de orquesta, fiestas y cenas de gala.

## UN ENTORNO PESTILENTE

Oh, París, la ciudad de la luz, del amor y... ¿de las cloacas? Así es: aunque oculto bajo tierra, el alcantarillado de París es fundamental para mantener las calles libres de aguas residuales y enfermedades. En el **Musée des Égouts de Paris** (Museo de las Cloacas), puedes experimentar de primera mano sus secretos. Descubre la importancia de las cloacas, desde sus históricos y hediondos inicios hasta los trabajos de limpieza actuales. Descubre la increíble ingeniería necesaria para construir y mantener el sistema, y los diferentes trabajos que se precisan para mantener limpia la ciudad. Y, si puedes soportar el mal olor, incluso hacer un circuito por las cloacas.

***FOTOS:** huesos apilados en las catacumbas de París (arriba); rata de cloaca (izda.).*

# MERCADOS AJETREADOS

Si quieres ver París como un local, puedes hacer un circuito por los mercados de la ciudad. Estos puestos a cubierto y al aire libre, llamados *marchés* y celebrados varios días a la semana, ofrecen deliciosa comida, instantáneas fantásticas e incluso ¡tesoros ocultos!

Uno de los mercados más antiguos de París, el **Marché aux Fleurs Reine Elizabeth II,** en la Île de la Cité, se llena de coloridas flores cada domingo desde 1830. Si tienes hambre, visita el **Marché Beauvau,** donde venden deliciosos quesos locales, *baguettes* y mucho más.

Pero, el más fascinante de todos los mercados puede que sea el **Marché aux Puces de Saint-Ouen,** un enorme rastro repleto de misteriosas antigüedades, libros raros y fabulosas gangas. Dividido en 14 secciones, cuenta con más de 2000 vendedores que ofrecen todo tipo de cachivaches. No importa lo que busques, ¡aquí probablemente lo encontrarás!

El Marché aux Puces de Saint-Ouen es el mercado de antigüedades más grande del mundo.

***FOTOS: Marché aux Puces de Saint-Ouen (dcha.); Casa Futuro (pág. siguiente).***

### UNA CASA ESPACIAL

Visita el Marché Dauphine, una de las secciones del Marché aux Puces de Saint-Ouen, para disfrutar de una visión sorprendente: ¡una enorme nave espacial naranja! Esta especie de ovni es una casa futurista diseñada en 1968 como parte de una serie. En estas "Casas Futuro" nunca vivió nadie y ahora son objetos de coleccionista.

# EN BUSCA DEL UNICORNIO

Para completar un conjunto de tapices como los del Musée de Cluny, un equipo de unos 30 tejedores hubiera tardado más de 18 meses.

## UNA MANSIÓN MEDIEVAL

El impresionante Hôtel des Abbés de Cluny se construyó en 1485 y parece un castillo gótico. Esta antigua y lujosa residencia ahora es el **Musée de Cluny,** un museo dedicado a objetos medievales. Aquí hay una colección de seis tapices tejidos alrededor del año 1500. Conocidos como *La dama y el unicornio,* representan a una joven mujer y un misterioso unicornio. Pero, además, el museo cuenta con ¡un auténtico cuerno de unicornio! Evidentemente, los expertos saben hoy que este no pertenecía a ese ser mitológico. Pero en el medievo el "cuerno de unicornio" se consideraba un objeto poderoso y mágico.

En el inusual Musée de la Chasse et de la Nature (Museo de la Caza y la Naturaleza) puedes ver una sala hecha con plumas, un "cuerno de unicornio" y animales disecados.

**COLECCIONES EXTRAÑAS**
Si quieres ver más museos extravagantes, visita el Musée d'Histoire de la Médecine (Museo de Historia de la Medicina), donde se exhibe antiguo –y aterrador– material médico y se ilustra el avance de la cirugía a lo largo de la historia.

# GABINETE DE CURIOSIDADES

Mitad museo, mitad tienda, **Deyrolle** es un emporio de rarezas. Fundada en 1831 por el naturalista francés Émile Deyrolle, la tienda tiene una amplia colección rotativa de animales e insectos disecados, gemas raras y mucho más. Aquí podrás admirar extrañas obras de arte hechas con elementos del mundo natural. Quizá lo más increíble de la colección de Deyrolle sean sus unicornios: caballos disecados para que parezcan esas míticas criaturas... ¡incluso hay un Pegaso, un caballo con alas!

***FOTOS:** animales disecados en Deyrolle (izda.); tapiz de* **La dama y el unicornio** *en el Musée de Cluny (arriba).*

# PARADAS SECRETAS

## TÓMATE UN TÉ

Explorar una nueva ciudad puede ser agotador, así que concédete un merecido descanso en la **Grande Mosquée de Paris.** Esta impresionante mezquita, construida en la década de 1920, tiene un patio y unos jardines bonitos y relajantes. También puedes visitar algunas salas de oración con exquisitas alfombras o disfrutar de un tentempié mientras tomas un té con menta en el restaurante. También hay un minarete de 33 m de altura.

¿Más librerías? Pasea por el Sena en busca de los famosos *bouquinistes* de París, vendedores de libros usados y antiguos instalados a orillas del río.

## PASA PÁGINA

**Shakespeare and Company** es una de las librerías más famosas del mundo. Inaugurada en 1951, esta laberíntica tienda ha sido frecuentada por muchos escritores famosos desde siempre. Actualmente, resulta fácil perderse entre sus estanterías de libros nuevos, raros y usados. Tómate tu tiempo: ¡los libros lo inundan todo!

## ¿NUEVA YORK O PARÍS?

¿Te apetecería echar un vistazo a la Estatua de la Libertad? No te preocupes: ¡no tienes que irte hasta Nueva York! En París hay una réplica (que mide una cuarta parte del tamaño de la original) en la **Île aux Cygnes,** una pequeña isla en el Sena. La estatua fue un regalo de ciudadanos franco-estadounidenses a Francia en 1889 para conmemorar el centenario de la Revolución francesa (p. 74).

***FOTOS:** patio de la Grande Mosquée de Paris (pág. anterior arriba); réplica parisina de la Estatua de la Libertad (izda.); ancas de rana con mantequilla, ajo, perejil y limón (abajo); gente leyendo en Shakespeare and Company (pág. anterior abajo).*

## A UN SALTO

Aunque algunos extranjeros puede que no estén acostumbrados a las ancas de rana, este plato es muy popular en Francia. Si te apetece probarlo, no hay mejor sitio que el **Roger La Grenouille,** un histórico restaurante temático con las ranas. Inaugurado en 1930, por aquí han pasado el popular artista Pablo Picasso e incluso la mismísima reina Isabel II de Inglaterra.

# LA CIUDAD DEL AMOR

## CANDADOS DEL AMOR

Sobre el Sena, el histórico **Pont des Arts** es un lugar emblemático. Y, también, muy romántico: durante décadas, parejas que paseaban por el puente rindieron tributo a su relación colocando "candados del amor". Estos candados estaban decorados con las iniciales de la pareja u otros mensajes. Esta práctica fue prohibida, ¡ya que el peso de los candados estaba dañando el puente! Pero el sitio permanece como un símbolo del amor.

***FOTOS:** candados del amor tiempo atrás en el Pont des Arts (arriba); Mur des Je t'aime (pág. siguiente arriba);* **Le Coeur de Paris** *(pág. siguiente abajo).*

## DULCES PALABRAS

Si buscas una buena excusa para hacerte una foto, visita el **Mur des Je t'aime** (Muro de los Te quiero), un gran mural en el que pone "Te quiero" en 250 idiomas. El mural, ubicado en Montmartre, mide 39 m$^2$ y fue creado por dos artistas como monumento a la universalidad del amor.

Los autores del Mur des Je t'aime recopilaron muchas traducciones simplemente paseando por París y pidiendo que la gente escribiera "Te quiero" en su lengua materna.

## EL CORAZÓN DE PARÍS

¿Quieres mostrar tu adoración por París? Ve a ver **'Le Coeur de Paris',** un enorme y artístico corazón en Porte de Clignancourt. Creada en el 2019, la escultura está recubierta de 3800 azulejos pintados a mano. La instalación también gira ¡y se ilumina al ritmo de los latidos de un corazón!

Y hablando de corazones: París es el lugar donde descansa el vital órgano del famoso filósofo francés Voltaire, conservado en un cofre también en forma de corazón, en la Biblioteca Nacional de París.

# ENCUENTRA LAS DIFERENCIAS

París es famosa por su belleza: si toda la ciudad tiene este aspecto, ¡no es de extrañar! ¿Puedes encontrar las cinco diferencias entre estas dos imágenes? La solución, en la p. 140.

MONTER ET DESCENDRE où on veut, quand on veut
HOP ON, HOP OFF as you please

# ENCUENTRA LAS DIFERENCIAS

Con vistas al centro de París, el Sacré-Coeur es uno de los grandes emblemas de la ciudad. ¿Puedes encontrar las cinco diferencias entre estas dos imágenes? La solución, en la p. 140.

Coeur Couronné
GUINNESS

# ÍNDICE

# WEBS Y CRÉDITOS FOTOGRÁFICOS

**Cómo moverte por la ciudad** (pp. 18-31)
Batobus: batobus.com
Metro de París: metromap.fr
RATP (Administración Autónoma de Transportes Parisinos): ratp.fr
Transilien: transilien.com
Vélib': velib-metropole.fr

**Lugares divertidos** (pp. 32-43)
Atelier des Lumières: atelier-lumieres.com
Cité des Sciences et de l'Industrie: cite-sciences.fr
Disneyland Paris: disneylandparis.com
Jardin d'Acclimatation: jardindacclimatation.fr
Musée des Arts Forains: arts-forains.com
Musée Grévin: grevin-paris.com
Opéra National de Paris: operadeparis.fr
Parc Astérix: parcasterix.fr
Philharmonie de Paris: philharmoniedeparis.fr
Stade de France: www.stadefrance.com

**¡Vaya vistas!** (pp. 44-55)
Ballon de Paris Generali: ballondeparis.com
Catedral de Notre-Dame: notredamedeparis.fr
Crypte Archéologique: crypte.paris.fr
Museo del Louvre: collections.louvre.fr
Musée d'Orsay: musee-orsay.fr
torre de Montparnasse: tourmontparnasse56.com
Torre Eiffel: toureiffel.paris

**¡A comer!** (pp. 56-69)
L'Escargot Montorgueil: escargotmontorgueil.com

**Paseo por los Campos Elíseos** (pp. 70-81)
Arco de Triunfo: paris-arc-de-triomphe.fr
Grand Palais: grandpalais.fr
Ladurée: maisonladuree.com
Petit Palais: petitpalais.paris.fr
Tour de Francia: letour.fr

**Una ciudad monumental** (pp. 82-93)
Centre Pompidou: centrepompidou.fr
Musée Marmottan Monet: marmottan.fr
palacio de Versalles: chateauversailles.fr
palacio del Elíseo: elysee.fr/en/cultural-space/evreux-300
Palais du Luxembourg: senat.fr/lng/en/the-luxembourg-palace.html
Panteón: paris-pantheon.fr

**El lado más salvaje** (pp. 94-105)
Aquaboulevard de Paris: aquaboulevard.fr
Aquarium de Paris: aquariumdeparis.co
Basílica del Sagrado Corazón: sacre-coeur-montmartre.com
canal Saint-Martin: canauxrama.com
Jardin des Plantes: jardindesplantesdeparis.fr
Muséum National d'Histoire Naturelle: mnhn.fr
Parc Zoologique de Paris: parczoologiquedeparis.fr

**París verde** (pp. 106-117)
Conciergerie: paris-conciergerie.fr
jardín de las Tullerías: louvre.fr/en/explore/the-gardens
Musée Rodin: musee-rodin.fr

FOTO: barco surcando el Sena a su paso por la catedral de Notre Dame.

Según la antigua mitología gala, la diosa del Sena se llama Secuana.

**Secretos de la ciudad** (pp. 118-129)
catacumbas de París: catacombes.paris.fr
Deyrolle: deyrolle.com
Grande Mosquée de Paris:
grandemosqueedeparis.fr
Musée de Cluny: musee-moyenage.fr
Musée des Égouts de Paris: musee-egouts.paris.fr
Shakespeare and Company:
shakespeareandcompany.com

**CRÉDITOS DE LAS FOTOGRAFÍAS**
**Ilustraciones** © 2025 Carolyn Sewell
**8-9:** Pierre Ogeron/Getty Images / **12-13:** Delpixart/ Getty Images (ciclistas); S.Borisov/Shutterstock (Torre Eiffel) / **14-15:** Peter Hermes Furian (mapa); Alexander Spatari/Getty Images (Arc de Triomphe); Pinkcandy/ Shutterstock (Louvre); Jan-Otto/Getty Images (Torre Eiffel); Anna Linda Knoll/Shutterstock (Citeé des Sciences et de l'industrie); Gwengoat/Getty Images (Musée d'Orsay); Viacheslav Lopatin/Shutterstock (catacumbas); Buena Vista Images/Getty Images (Place de la Concorde); Ed Spratt/EyeEm/Getty Images (Notre-Dame) / **16:** Maremagnum/Getty Images (estación de metro) / **17:** Fabrice LEROUGE/ Getty Images / **18-19:** GOER/Shutterstock / **20-21:** Evannovostro/Shutterstock (Batobus); Romain Villa Photographe/Getty Images (río Sena) / **22:** Jasmina007/Getty Images (persona con mapa); Pawel Libera/Getty Images (taxi) / **23:** Henry St John/Shutterstock (carrito de golf); Ioan Panaite/ Shutterstock (tráfico de coches) / **24-25:** Dmitry Brizhatyuk/Shutterstock (señal de metro); Steve Lovegrove/Shutterstock (músicos) / **26-27:** Charday Penn/Getty Images (ciclista); olrat/Getty Images (restaurante) / **28-29:** Leonid Andronov/Getty Images (tranvía); Benson Truong/Shutterstock (tren); Kirill Neiezhmakov/Shutterstock (RER) / **30-31:** Delpixart/ Getty Images / **32-33:** Henri0711/Shutterstock / **34:** Yuri Turkov/Shutterstock (figura de cera); Pack-Shot/Shutterstock (arte digital) / **35:** Matt Munro/ Lonely Planet (tiovivo); Tommy Larey/Shutterstock (museo de ciencias) / **36:** Peeradontax/Shutterstock *(folie);* Tommy Larey/Shutterstock (tobogán) / **37:** AlexKozlov/Getty Images (jardines); Elena Dijour/ Shutterstock (tiovivo) / **38-39:** Ferreiro/Shutterstock (Disneyland); page frederique/Shutterstock (Parc Astérix) / **40-41:** Christian Mueller/Shutterstock (Philharmonie); Songquan Deng/Shutterstock (Palais Garnier) / **42-43:** Yuri Turkov/Shutterstock (Stade de France); Vagengeim/Shutterstock *(parkour)* / **44-45:** © Frédéric Collin/Getty Images / **46-47:** espiegle/Getty Images (Torre Eiffel); Imgorthand/Getty Images (sacar una fotografía) / **48-49:** kavalenkau/Shutterstock (plataforma de observación); DaylightLoren/Getty Images (globo) / **50:** neirfy/Getty Images / **51:** Page Light Studios/ Shutterstock *(crypte);* Victor Augusto Mendívil/Getty Images (gárgola) / **52-53:** Pigprox/Shutterstock (Louvre); S-F/Shutterstock *(Mona Lisa)* / **54:** Stephen Bridger/Shutterstock (personas delante una obra); ikmerc/Shutterstock (reloj) / **55:** sokolovski/ Shutterstock (interior del museo); Gwengoat/ Getty Images (exterior del museo) / **56-57:** Artens/ Shutterstock / **58:** Pietro Karras/Stocksy (cruasán); Alexander Spatari/Getty Images *(baguettes)* / **59:** lechatnoir/Getty Images (queso brie); istetiana/ Getty Images (queso roquefort) / **60:** ALLEKO/Getty Images / **61:** Petr Jilek/Shutterstock (crep); Kirstin Mckee/Stocksy (bocadillo) / **62-63:** Olives for Dinner/ Getty Images (ratatouille); GMVozd/Getty Images (sopa de cebolla francesa); PM20/Shutterstock (patatas fritas) / **64:** serts/Getty Images *(éclairs);* Black Lollipop/Getty Images (Paris Brests) / **65:** Liliia Bielopolska/Shutterstock (tarta Ópera); Visionsi/ Shutterstock (milhojas) / **66-67:** Mila Atkovska/ Shutterstock (caracoles); theendup/Shutterstock (restaurante) / **68:** violleta/Getty Images / **69:** bhofack2/Getty Images *(bánh mi);* Franck Legros/ Getty Images (tayín) / **70-71:** Kiev.Victor/Shutterstock / **72:** HJBC/Shutterstock (Guerlain); Benny Marty/ Shutterstock (personas comprando) / **73:** Resul Muslu/Shutterstock (macarons); Romain P19/ Shutterstock (Fouquet's) / **74-75:** Oliver Foerstner/ Shutterstock (ciclistas); Migel/Shutterstock (desfile militar); Alexander J.E. Bradley/500px (fuegos artificiales) / **76-77:** Pigprox/Shutterstock / **78-79:** Gagandeep Ghuman/Getty Images (Petit Palais); Atlantide Phototravel/Getty Images (Grand Palais) / **80:** Pavliha/Getty Images / **81:** Daniel.Candal/ Getty Images (obelisco); David Henry/Getty Images (fuente) / **82-83:** joe daniel price/Getty Images / **84-85:** Jimena Contreras/500px (exterior de Versailles); Frederic Legrand - COMEO/Shutterstock (galería de los Espejos) / **86:** s74/Shutterstock (Place des Vosges); Janet Steveley/Getty Images (Palacio Real) / **87:** Image - Natasha Maiolo/Getty Images (Palais de Luxembourg); FreeProd33/Shutterstock (Palais de l'Élysée) / **88:** Maxal Tamor/Shutterstock / **89:** MARTIN Florent/Shutterstock (Panteón); Alex_ Mastro/Shutterstock (cementerio de Montmartre) / **90:** Olivier DJIANN/Getty Images / **91:** MDoculus/ Getty Images (calle); mikroman6/Getty Images (ilustración) / **92-93:** EQRoy/Shutterstock (Musée Marmottan Monet); Sailorr/Shutterstock (Centre Pompidou) / **94-95:** Julien Fourniol/Baloulumix/ Getty Images / **96-97:** Maxime Mercier/Getty Images (manatí); Rrrainbow/Getty Images (Jardin des Plantes) / **98:** Tommy Larey/Shutterstock / **99:**

Photo 12/Alamy Stock Photo (Aquaboulevard); Pawel Libera/Getty Images (Paris Plages) / **100-101:** Nattee Chalermtiragool/Shutterstock (Basilique du Sacré-Coeur); MaxOzerov/Getty Images (Moulin Rouge) / **102-103:** by Mark Spowart/Getty Images (medusas); Rrrainbow/Shutterstock (dinosaurios); CoreyFord/Getty Images *(Compsognathus)* / **104:** River Thompson/Lonely Planet (cafetería); Artem Avetisyan/Shutterstock (barrio Latino) / **105:** OlegAlbinsky/Getty Images (cafetería); Paul Maguire/Shutterstock (de compras) / **106-107:** Bruno De Hogues/Getty Images / **108:** Matt Mason/ Getty Images (cernícalo); jptinoco/Getty Images (Promenade Plantée) / **109:** River Thompson/ Lonely Planet (Petite Ceinture); Matt Munro/Lonely Planet (Parc des Buttes-Chaumont) / **110-111:** Kiev. Victor/Shutterstock (Jardin des Serres d'Auteuil); EschCollection/Getty Images (Jardin des Tuileries) / **112-113:** MasterLu/Getty Images / **114:** Hung Chung Chih/Shutterstock / **115:** OlegAlbinsky/Getty Images (fuente); Alina Zamogilnykh/Shutterstock (mosaico) / **116:** UlyssePixel/Shutterstock / **117:** photofort 77/ Shutterstock (Île de Loisirs de Bois-le-Roi); JOEL SAGET/AFP/Getty Images (barcos) / **118-119:** Jean-Francois Dumas/500px / **120-121:** bhcvn/ Shutterstock (rata); By Skreidzeleu/Shutterstock (catacumbas) / **122-123:** gabriel12/Shutterstock (mercado); Marco_Piunti/Getty Images (Casa Futuro) / **124-125:** Karl F Schofmann/Imagebroker/ Shutterstock (Deyrolle); steve estvanik/Shutterstock (tapiz) / **126:** Elena Dijour/Getty Images (librería); Eric Schaeffer/Getty Images (mezquita) / **127:** peterkirillov/Getty Images (estatua); Cesarz/ Shutterstock (ancas de rana) / **128:** Delpixart/Getty Images / **129:** Chesnot/Getty Images (corazón); Anamaria Mejia/Shutterstock (pared) / **130-131:** olrat/Shutterstock / **132-133:** maziarz/Shutterstock / **141:** Tomas Marek/Shutterstock

## SOLUCIÓN A ENCUENTRA LAS DIFERENCIAS